大家之家

文学卷　1

车吉心　谭好哲　主编

泰山出版社·济南·

编委会

主　　编　车吉心　谭好哲

执行主编　尤战生　孙书文　曹成竹　董龙昌

本册作者（按姓氏笔画排列）

　　　　　王　骁　刘　涛　刘　殊　刘　聪　李　延

　　　　　张雪倩　张裔堃　陈　琛　孟　宁　徐成凤

　　　　　薛　铭

序　言

呈现于读者面前的这套丛书命名为《大家之家》。所谓大家，即世界史上科技文化领域卓越非凡之人物，或曰伟大人物，而大家之家，乃大家曾经所居之所也。

在人类文明的发展史上，涌现出无数堪称大家的人物，他们以其令人景仰的道德品行、永载史册的丰功伟业、博大精深的文化创造，将人类历史的浩瀚长空映照得美丽璀璨。这些文明史上的大家，以各自超凡拔俗的人生业绩，在历史的舞台上展示出生命的奇迹与荣光，也铸就了人类文明的辉煌与魅力，其成就、思想与精神为后人所神往、敬仰以至崇拜，成为泽被后世的永恒精神财富。

诚如19世纪英国著名文学家、社会批评家和历史学家托马斯·卡莱尔所言，伟大人物是历史上的英雄，也是世界历史的精华，世界史上所取得的种种成就都烙刻着他们的创造，在广义上说是他们思想的外化和具体化。因此，追随大家的生命历程，与大家相识相知，以他们为人生的借镜与楷模，不仅能够领略人类文明的雄壮景观与创造精华，也能够从中获得无穷的人生教益与生命动力。卡莱尔满怀激情地写道："对于这些伟大人物，无论你以什么方式同他们接近，他们都是你有益的朋友。一个伟大人物，尽管他并不十全十美，我们也不能小觑他，从而失去他的帮助。他是一束光，靠近他就使人愉悦欢欣。他是一束耀眼的光芒，照亮了世界上的黑暗；他绝不仅仅是一盏点燃的灯，而是一颗沐浴着上帝的恩泽而闪闪发光的明星；在我看来，这永不熄灭的光芒使人茅塞顿开，令人刚毅坚强，促人英勇崇高。在它的照耀下一切人无不感到愉快，无论何时，人们都不会因此而生倦意。"这段由衷的赞美，也正体现出本丛书为大家立传的用意所在。

当然，历史上的大家也都是尘世中人，他们之所以能够成就其人生与事业之大，不是靠神灵的独特恩宠，也不完全是靠人生的偶然与运气，而主要是靠个人的努力与奋斗。其努力与奋斗的人生轨迹千差万别难以尽述，然而又有殊途同归的相似相同之处可以言说，其中之一便是家对于人生成长与成败所具有的意义。人人都生而有家。家是生命的孕育之地，是人生的成长之所，也是生命的行走驿站，亲情、友情、爱情、乡情都会在家里留下或深或浅的印记，甚至科技发明和文化创造中的苦思与妙想、艰辛与欢欣等等，也往往冥冥之中与家有着不解之缘。因此之故，历史悠久的家会成为物质文化遗存，名人故居更是成为人们倍加珍视的一种文化遗产。这种遗产是一个国家与民族历史文化成就的重要标志，不仅对于研究人类文明的演进具有重要意义，而且对于展现世界文化多样性也具有独特作用。这又是本丛书聚焦于"大家之家"的用意所在。

"大家之家"，既是大家之故居，也是大家之精神所在，还是人们游览与精神朝拜的场所。作为一种独特的历史和文化遗存，大家故居，虽然历经时光淘洗而往往物是人非或旧貌不再，但依然记录并留下了曾居其中的大家日常生活的点点滴滴，沉淀着历史、人文、经济、社会等诸多信息，成为名人精神的象征物，具有无可替代的人文价值和历史意义。本丛书着眼于通过"家"这种有形的文化遗存，来展现人类无形的精神文化遗产，以期达成对青少年甚至一般社会人士进行优秀文化传承教育之目的，从出版的角度也是希望能够在优秀文化传承教育方面另辟蹊径，作出新的探索。

本丛书从读者易于接受的角度考虑，在书写方式上也做了大胆的尝试。全书各篇都从大家的居住之处切入历史，以专业而通俗、轻松而深刻的文字为大家作传，通过对大家的人生故事、辉煌成就及思想创造的描写与评述，带领读者走进大家的成长过程、情感世界及奋斗历程，进而走进大家的精神世界，领略其博大的思想、境界和胸怀。这种写法以"大家之家"作为精神旅游的目的地，由作者作为一个面对读者娓娓道来的精神导游者，大大拉近了普通读者与伟大人物之间的历史与精神距离，避免了读者由于学识不足或专业隔膜带来的阅读障碍。相信每一位智慧而有志向的读者都能通过书中大家的奋斗经历和辉煌业绩，获得生命启示，点燃生命激情，树立远大理想，沐浴着精神的阳光走上人生奋斗之路，攀上人生理想之巅，像书中的大家一样无愧于自己的人生之旅，绽放出生命的大美与崇高！

谭好哲
（山东大学文艺美学研究中心教授、博士生导师）
2019.7

目 录

紫式部　　　　　／ 1

但　丁　　　　　／ 23

薄伽丘　　　　　／ 44

塞万提斯　　　　／ 57

莎士比亚　　　　／ 73

莫里哀　　　　　／ 93

歌　德　　　　　／ 115

席　勒　　　　　／ 137

格林兄弟　　　　／ 157

拜　伦　　　　　／ 171

紫式部

　　在日本本州岛的中西部地区，坐落着一座传统古都——京都。这里是世界著名女作家紫式部居住过的地方。若打开时光画卷回到1190年，定会直接感受到京都人口的繁多、百姓生活的惬意安稳以及宫殿楼宇的华丽奢靡。一千多年以前的日本平安时代产生了众多才女作家，紫式部便是其中之一。

　　如今若身处京都街区，人们不仅能从身体上感受这里舒适的温度，还能使心灵沉淀在庄重的历史感中。京都适合漫步，因为那些历史的斑驳陈迹在不经意间往往会被忽略。京都的每个街区几乎都有佛寺，难怪紫式部在自己的日记和作品中时常写道："隆隆的诵经声远近可闻。闻者诚感其贵。"[1]纯净的禅意环绕着京都，人们都会下意识地为这座古都放慢脚步，放松心灵，感受这里历史与文化的沧桑、醇美。

---

[1] 藤原道纲母等.王朝女性日记[M].林岚，郑民钦，译.石家庄：河北教育出版社，2002：276.

紫式部故居（日本京都）

据考证，紫式部生活和伏案写作的地方位于"平安京东郊中河之地"，也就是现在的日本京都上京区的庐山寺。庐山寺全称大本山庐山寺，于938年兴建，经两次搬迁移到现址，位于上京区寺町通的小路上。大约在999年，紫式部在这里结婚、生子，两年后丈夫病故，当年秋天她开始执笔创作伟大的文学作品《源氏物语》，她在这里经历了无数日夜。庐山寺如今一片寂然肃穆，而这里却曾经波折不断。庐山寺的前身其实是两座寺庙，一座被称为"与愿金刚院"（938年所建），另一座为"庐山寺"（1245年所建），二者于1368年合并为庐山寺，后因日本幕府时代的内乱纠葛而荒废。直到1573年，日本著名政治家丰臣秀吉将寺院迁至现在的遗址，寺庙恢复，香火鼎盛。然而，明治维新时期，政府进行了"废佛毁释"的排佛运动，令各地烧毁佛像、经书。排佛运动使无数寺院废弃或合并，庐山寺也没有幸免，再次荒废。1945年，庐山寺被日本考古学家发现并确定为紫式部曾居住过的遗址，这里又逐渐恢复了生机。庐山寺历经了数次荒废与复兴，历史的旧痕陈迹在幽邃的时空里酝酿发酵。如果不是因为这里曾经居住过一位伟大的女作家，这朴素、隐蔽的寺院很可能会被人们遗忘。从幽僻小路步行至寺前，可以看到高大肃穆的山门和绿树掩映下的院落，让人来不及收拾心情便已走进紫式部的过往生活。寺内堂前庭院（源氏庭）常年种植着大片桔梗花，每年六月到九月的花开时节，寺院便会张贴告示欢迎人们参观。于是每逢这一时节，寺庙便多了几分生气。不仅日本的樱花颇受世人称赞，紫桔梗花也吸引着无数文人雅士或求佛求道之人前来观赏，或许是因为紫式部在《源氏物语》里常常提到桔梗花吧！日本的桔梗花无樱花的脂粉香甜之气，淡淡的紫色中散发着神秘与幽静的气息。紫色桔梗花与院内的白色沙石、幽绿青苔相映照，使整个寺院淡雅清幽，散发着文人居所的情趣与韵味。

秋天的庐山寺是沉静和肃穆的。对于紫式部来说，台阶上的几片落叶、草丛里的几声虫鸣、夕阳映照下的寂寥高空都能引起她心灵的震荡。"悲秋"常被称为中国古典文学的母题，然而受中国文化尤其是唐代诗词影响颇深的日本文人，对于季节、自然风物的感悟同样敏感细腻。我们在《源氏物语》《紫式部日记》的字里行间常常能够发现紫式部寄托在季节、花草上的细腻情感。在千年岁月中，庐山寺内的花草树木不知经历过几番枯荣，庭前明月不知照亮过多少次这里的古迹，可惜现在我们只能通过想象去触摸紫式部的生活轨迹了。

历史之音袅袅。绕过佛像雕塑，和着虔诚的钟声和叮叮泉水声，我们来到寺里灰白相间的素朴房屋里，这里便是紫式部旧时创作之所。据考证，这所宅邸是紫式部的曾祖父藤原兼辅所建。从曾祖父到祖父再到父亲藤原为时，藤原家族的权势在政治力量的角逐中逐渐衰弱。虽然远不及从前荣华富贵，但家族的文学教育却没有间断，这也是紫式部才华横溢的原因之一吧。庐山寺的建筑十分讲究，我们如果留心观察日本的建筑，可以发现日本人的房屋材料大多是木材。生活在混凝土建筑中的现代人也许会产生疑问，这种房屋除了美观之外，哪有实用功能？其实，这种房屋对于日本人来说，是作为一种"感觉"而存在的。他们崇尚自然、亲近自然，因此将房屋也视为自然的一部分。而且，他们的城市其实更像是一种村落，他们不像西方人那样去俯视自然，而是与自然共生。川端康成也曾谈到过，西方人对日本城市的印象就是自然所包围的"绿"。黑川雅之曾这样谈论日本的审美意识，他觉得日本人是为了美而活着的，是为了有惬意的心情而活着的。我们不由得联想到紫式部在日记中观察美好事物的独特视角，她可以抓取瞬间的美的细节。因此，后人若想追溯日本人独特自然观及审美意识形成的根源，怎能绕开紫式部？

　　如今这里如同远离尘嚣一般静谧安然，无论是仿唐的建筑还是苍翠的古树，都显得娴静、典雅。这里的一草一木都渗透着紫式部青春时期的喜怒哀乐。一千多年前，正是在这里，她写出了世界上第一部长篇小说《源氏物语》，小说描写的人物多达400人，以源氏的爱情和婚姻为中心，紫式部细致地描绘了平安时代的贵族生活。中国古典名著《红楼梦》与其有异曲同工之妙，但诞生时间却比它晚了700余年。紫式部使物语文学达到了新的高峰，由于她的作品对后世影响至深，直到日本近世时期，物语文学才探索出新的道路。"平安中期《源氏物语》的诞生，使物语文学迎来了巅峰。自那以后，直到近世井原西鹤出现之前，人们都被物语文学的文体所束缚，并在其范围内进行了各种尝试。"①紫式部超越了她所处的时代，且在世界文学的丛林中闪耀着独特的东方光辉。有人说，"只有京都的情感才是典型的日本式的情感，只有京都的风韵才是日本的风韵"②。也许，只有这沉积几千年历史文化的古都才能承载这位世界级女性文学家的情感世界吧！

不幸之幸

　　紫式部大约生于970年（也有学者认为是973年或978年），逝于1014年。她确切的生卒年因缺乏历史资料而无法得知。其实，不仅她

---

① 古桥信孝.日本文学史[M].徐凤，付秀梅，译.南京：南京大学出版社，2015：122.
② 李鹏.寻访历史名城[M].北京：北京工业大学出版社，2003：9.

的生卒时间无法确定,就连她的真实姓名也无法知晓。因为在平安时代,女性没有权利来彰显自己的价值,也没有属于自己的独立地位和自由,只能依附父兄来为自己的姓名找一个代称甚至为人生找一个依托。而且,在当时,如果将贵族妇女的姓名记录或流传下来是违背礼节的。后人或以她作品中最受喜爱的女性人物"紫姬"命名她本人,或以藤原家族和她父亲的官名"式部丞"为参考,因此,"紫式部"这个名字便沿用至今。

当时的藤原家族,远远没有想到身为一介女子的紫式部会对日本文学甚至世界文学产生如此重要和深远的影响。紫式部的父亲藤原为时文学修养极高,在有意或无意间培养了女儿的文学兴趣,使她成长、生活在一个充满书香的家庭里,以书为友,与自然为伴。紫式部曾在自己的日记里谈到父亲,口吻亲切自然,并且流露出对父亲的敬仰之情,她的好学与聪颖也由此体现:

家人式部丞,幼时习读汉文,我居侧聆听。式部丞正坐习之,时而费解,时而有遗;我居侧听之却早得其味,熟谙心中。深好学问的父亲常叹:不是个男儿,实乃吾身不幸。

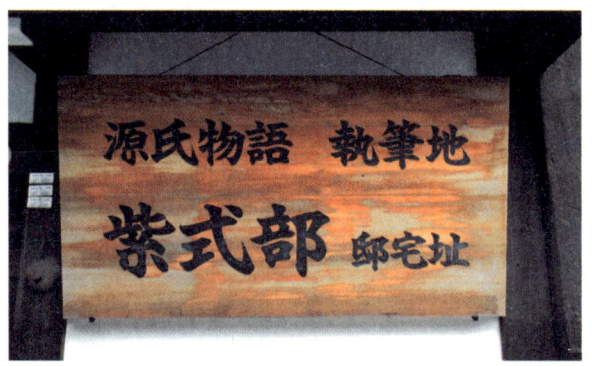

故居指示牌

从"居侧聆听"可以看出,紫式部身为女子无法接受正式的贵族家庭教育,无法光明正大地阅读正规典籍,更没有通过升迁获得社会地位的资格。由此看来,紫式部的苦衷和不幸皆因她是女性。即使如此,她

故居正门

依然趁闲暇时陪伴父亲、弟弟左右以便旁听。或许是因为幼年丧母，没有传统式母亲的教诲和规训，她没有传统女性身上的保守与克制，不服输于男儿，主动勤奋地苦读汉学典籍，后世学者曾这样评价她："作为女性，紫式部有时也会故意以男子的气度，卖弄一些批评性的言辞，从而使得文字的内容以及构架，显现出相当强韧的思考力度。"[①] 母亲、姐姐的亡故，再加上父亲的怀才不遇，使紫式部的性格变得多愁善感，这种性格赋予她观察人生、世界更独特而细腻的眼光，因此她对于文学的领会和感悟，自是比别人更深刻。不仅如此，她还是一流的歌人、书法家和画家，会弹十三弦的筝。在《源氏物语》中，我们可以看到紫式部对音乐的品鉴，小说里出现了大量的和歌创作以及对音乐方面的描述等。

到了该谈婚论嫁的年纪时，和紫式部门当户对并且同祖的藤原宣孝向紫式部求婚，但紫式部当时没有同意，而是选择陪同父亲赴任前国守一职。藤原宣孝当时已迈进中年，且有几房姬妾，其长子和紫式部年龄

---

① 姚继中. 源氏物语与中国传统文化[M]. 北京：中央编译出版社，2010：4.

相仿。虽然遭到拒绝，但藤原宣孝没有就此罢休，再一次向紫式部求婚。或许是因为藤原宣孝的文学素养打动了她的芳心，又或许是因为藤原宣孝完全褪却了青年的稚气，有着丰富阅历，这次紫式部没再拒绝，匆匆返京，准备婚事。虽然藤原宣孝和紫式部年龄相差较大，且一夫多妻制使他们无法享受稳定恩爱的幸福婚姻生活，但他们性格互补，最重要的是精神上能够产生共鸣，他们夫妻之间常常和歌赠答，二人琴瑟和鸣。然而紫式部的婚姻生活极其短暂，两年后藤原宣孝因病逝世，留下寡居的紫式部和幼小的女儿贤子相依为命。紫式部在日记里曾记录道："另一个橱子里收藏着汉籍书卷。自从珍爱它们的人不在世了之后，再就没有别人抚摸过了。"①珍爱那些汉籍书卷的人正是藤原宣孝。丈夫在她正青春的时候逝世，使她感觉到命运的捉弄。内心的空寂导致了精神上的颓唐，此时的紫式部对未来未知的人生充满了迷茫。

　　坎坷的家庭生活和短暂的婚姻使她变得更加多愁善感。随着年龄的增长和命运的变化，紫式部的内心也越发矛盾和复杂。身为女性，她是孤独的，如一叶孤舟在人生的汪洋中漂流；身为文人，她是灿烂的，苦难孵化出她丰富的心灵。如果说世界上存在紫式部的知己，那一定是自然万物。与自然为友使她的心与外物相连，产生无数思绪与情感。叶渭渠在《日本古代文学思潮史》中认为，日本人的传统审美意识是通过与自然的沟通而产生的，而且他们的民族生命与自然融为一体。在日本人眼中，自然是与人类心灵发生共鸣的融合体。川端康成也在散文《日本美之展现》中说："古代的日本，凡是高岳、深山、瀑布、泉水、岩石，连老树都是神，都是神的化身。"②紫式部的作品中处处反映着日本传统的审美意识。如《源氏物语》的《夕颜》一章中有这样的段落：

　　　　这狭小的庭院里，种着几竿萧疏的淡竹，花木上的露珠

---

① 藤原道纲母等.王朝女性日记[M].林岚，郑民钦，译.石家庄：河北教育出版社，2002：352.
② 川端康成.川端康成散文：下册[M].叶渭渠，译.北京：中国广播电视出版社，1999：113.

同宫中的一样，映着晓月，闪闪发光。秋虫唧唧，到处乱鸣。源氏公子在宫中时，屋宇宽广，即使是壁间蟋蟀之声，听起来也很远。①

在这幽静恬淡的秋景中，源氏公子、夕颜二人互诉衷肠，情意绵绵，情景交融，令人如痴如醉。日本学者河添房江认为："近代以来，出于国民文学的需要，日本文学被赋予了优美的特征而被大加称颂，借以与中国文学的雄壮、西方文学的精致相抗衡。如此一来，平安文学被奉为日本国民文学的圭臬也就不足为奇了。"②《源氏物语》的物哀之美成为日本古典文学的重要特色，以至于不断被经典化，成为与西方文学等分庭抗礼的大和民族精华。

海明威说过："对一个作家最好的训练是不快乐的童年。"③紫式部生活的时代是以男性为中心的时代，女性没有话语权，女性的命运兴衰不是民族的焦点，女性只有通过生育繁衍来获取自己的社会位置。对于紫式部而言，苦难和不幸为她思索人生提供了新的角度。所谓不幸，也是紫式部人生之幸。

出仕宫廷

紫式部凭借着自身良好的修养和深厚的文学功底，在1005年左右应召入宫做侍从女官，负责皇后的文化教育。侍从女官反映了当时寡头贵族培养女儿以争取政治地位的目的。有了这段人生经历，紫式部对于贵族生活有了更进一步的了解。宫廷生活的钩心斗角、繁文缛节，在紫式部的文学作品中得到了细致、丰富的表现。不过，在紫式部唱出贵族哀歌的同时，也不遗余力地表现了繁荣的贵族文化。

---

① 紫式部. 源氏物语[M]. 丰子恺, 译. 北京：人民文学出版社，1980：62.
② 河添房江. 源氏风物集[M]. 丁国旗, 丁依若, 译. 北京：新星出版社，2015：4.
③ 董衡巽. 海明威研究. 北京：中国社会科学出版社，1981：76.

"平安时代的宫廷文化极其精致典雅,而且像中国朝廷一样,十分强调个人学问和审美情趣的养成。……他们热衷于仿效中国精英的奢靡生活方式,沉迷于中国人在正式场合和典礼上所使用的繁文缛节('礼')和华美服饰。"[1] 关于这段描述,我们可以在紫式部的作品中得到大量的印证。在《紫式部日记》第二十六篇中写到天皇行幸土御门邸时,宫中内侍的一系列服装,颇具代表性。"其中的左卫门内侍手捧御剑,身着青色平纹唐衣系一条由浓向浅染色的裳,领衿和裙带是黄栌段染的织纹绫,唐衣下面的正装是菊套色的五重衣,五重衣的下面是红色的绸衫。身姿举止,华贵清丽;桧扇虚掩,面目秀美。"[2] 由此可知紫式部熟知服饰文化,她不仅写服饰的配色,还写服饰的质地和类别,反映出当时日本贵族精致的审美趣味。在其作品中,类似的描述不胜枚举。

从紫式部的日记中不难发现,她常常处于一个客观的第三视角来审

故居廊道

---

[1] 墨菲. 东亚史[M]. 林震, 译. 北京: 世界图书出版公司北京公司, 2012: 279.
[2] 藤原道纲母等. 王朝女性日记[M]. 林岚, 郑民钦, 译. 石家庄: 河北教育出版社, 2002: 306-307.

故居展室

视宫廷生活和这里的人或物,时而称赞,时而批判。难能可贵的是,"对于这些处于权势巅峰的人们,紫式部是抛开权术因素来欣赏他们的魅力和才干的。在这一点上,我们可以说紫式部不愧是一位理智的评论家"[①]。紫式部常与中宫彰子相伴左右,她被中宫美好的仪态和品性感动的同时,亦对中宫日常生活的喜怒哀乐有所感慨,往往悲从中来。于是,她对于金玉其外败絮其中的宫廷生活不抱有太多幻想,无时无刻不在思考着自己究竟应该居于何处。如她所说,"混在出身高贵的人中间进宫奉职,自己的身份也有限,甚至都从未有过安心之感"[②]。除了教导皇后,她还要注意自己的言行举止是否合礼,是否逾矩。读其日记,我们常常能够感受到紫式部对于自我的冷静反思和近乎严厉的审视,同时也可以看到她在宫中时常遭人嫉妒和备受议论的痛苦。在紫式部的日记中,我们可以窥见日本平安时代贵族和宫廷生活的种种轶事。平安时代最引人瞩目的贵族世家就是藤原家族,紫式部的宫廷生活与藤原家族之间有着千丝万缕的联系,而且《源氏物语》就产生于平安时代的藤原氏掌权时期。

---

① 姚继中.《源氏物语》与中国传统文化[M]. 北京:中央编译出版社,2010:11.
② 藤原道纲母等. 王朝女性日记[M]. 林岚,郑民钦译. 石家庄:河北教育出版社,2002:306.

这一时期的历史背景究竟是怎样的呢？

虽然紫式部的真实姓名和年龄不可考，但她的确身处日本极为重要的时代——平安时代。平安时代始于794年，如今的京都即当时的平安。历史很难遗忘平安中期藤原氏一族权倾朝野的摄关政治。摄关政治与我国古代的外戚干政极为相似，即朝廷由贵族豪门代表代替年幼的天皇执政。藤原一氏因为是著名的日本社会政治变革运动——"大化改新"的功臣，所以被天皇赐藤原之姓，以彰显其功。藤原一姓自此之后高人一等，象征着荣誉和权势。从866年开始，藤原一氏开始了长达几百年的专权辅政。

"自794年迁都平安，至12世纪70年代的三百余年间，皇系延续了三十几代，几乎代代都是些'短命'天皇或儿童天皇。"[1]由此可看出藤原一氏左右朝政的政治野心。他们除了依靠繁衍子孙延续世袭地位之外，还在摄关政治初期，采取藤原家族和天皇联姻的方式巩固权力。他们的姻亲政策其实就是一种"后宫"政治，贵族们千方百计推举自己的女儿争取皇后的位置，与天皇结成亲家，皇后一旦诞下皇子，依靠这种血缘关系就可以继续维持并巩固政治地位，影响朝政。

摄关政治的发展到藤原道长时期已是顶点。藤原道长的三个女儿藤原彰子、藤原妍子、藤原威子都嫁给天皇，成功登上后位。因此，藤原道长以"一家立三后"而闻名后世。紫式部日记开篇就是写中宫返回娘家待产的光景，中宫即道长的大女儿藤原彰子。紫式部入宫廷做女官的目的是为了"辅佐"她，提高她的文化等各方面修养，为争权夺利做万全准备。在紫式部日记中可窥见外戚对于血缘的重视，如彰子生产前紧锣密鼓的准备活动：命高僧诵经祈祷佛法护佑，修法僧驱赶、降伏恶灵，居所内所有用品全部换成白色以驱赶恶灵，而且还要写祈安产书，并加写了"极郑重的恳愿"。藤原道长还亲自为女儿念佛祈祷，侍奉生产的

---

[1] 陶力.紫式部和《源氏物语》[M].沈阳：辽宁大学出版社，2001：23.

人全部为其亲信。待顺利生产后，众人才将悬着的心放下。而且中宫一举生下皇子，更是喜上加喜，藤原道长一家也会为数月以来诵经的僧人们"赠舍布施"等。值得一提的是，紫式部在其日记中详细描写了道长对于自己长孙的疼爱，如道长因抱小皇子，衣服被小皇子撒了尿，道长却仍然一脸欢喜，一副慈爱模样。后世多从政治的角度评价藤原道长，对他的政治手段和煊赫一时的风光多有议论，但从紫式部的言语里却能够看到他平凡而真实的一面，使得被宏大事件堆砌出的历史人物拥有了真实的温度。

在紫式部眼里，女性（尤其是贵族女性、嫁入皇室的女性）是尤其值得同情和关爱的，因为姻亲政策和一夫多妻制的婚姻制度都在不同程度上体现了封建社会对女性自主权的压抑。况且当时的婚姻制度只有婚姻名分，而不具备实际的家庭形式。也就是说，日本封建社会的婚后女性仍在娘家居住，丈夫可以时不时探望，这样一来，女性势必无法得到长期稳定的爱情和幸福。这对女性而言，是一种悲剧。以中宫为代表的皇室女性，虽然被人们视作金枝玉叶，身份显赫高贵，地位非比寻常，但事实上只是男性操纵权力的工具。如同无法选择自己的出身一样，她们也无法自主选择自己的命运走向。紫式部在日记中时常透露出对中宫的担心和关怀，可以看出，她眼中的中宫是一位德行高尚的女子，是美好的化身。这些无不体现出紫式部对同性处境的感同身受和内心深处暗涌的对现实的抗争。

藤原氏在那一时代不仅在仕途上顺风顺水，在经济上同样是实力雄厚。从日本的庄园制度可窥见当时贵族对社会财富的占据程度。首先，一些大地产是显赫贵族、佛教寺庙、神道教神社的私有财产，是朝廷的赐田。"……这些朝廷赐田都无需纳税，而且，许多贵族都竭力逃税，最起码也要为自己所拥有的土地争取尽量少的纳税额。"① 除此之外，少

---

① 墨菲. 东亚史[M]. 林震, 译. 北京：世界图书出版公司北京公司, 2012：278.

数贵族通过开田垦荒占有了更多的土地,大量的土地集聚到上层阶级手中,逐渐形成庄园。"执掌朝政的贵族世家(如藤原氏)大力庇护各地的庄园主,实际上,有时候他们自己也会成为大庄园主。庄园主致力于谋求不受中央政府干预的实质上的独立,宣称自己不受政府的审查和管辖。"① 他们的庄园独立性强,虽然土地分散各地,但管辖面积也因之扩大,庄园如渔网般逐渐散布全国。藤原氏掌握的政治权力和社会财富使得天皇有名无实,更像一个傀儡。

虽然平安时代的政治、经济因为贵族的营私舞弊和贪得无厌,在后世看来混乱不堪,但是却促进了文化的发展,尤其是贵族文化的繁荣。平安时代的众多才女都出身贵族,除紫式部外还有清少纳言、道纲母、和泉式部等。究其原因,与当时的姻亲政策相关,政治婚姻催生了宫廷女官群体的发展。除此之外,与中国的影响也有很大关系。经过奈良时代对中国文化的引入和吸收,日本的文化基本上套用了中国模式,汉学、

故居展室

---

① 墨菲. 东亚史[M]. 林震,译. 北京:世界图书出版公司北京公司,2012:278.

故居一隅

汉字成为当时官学、官方语言系统。因此，那时的日本男性知识分子使用汉文，女子则普遍使用日语。但随着中国内患的频发，王朝体制弊端凸显，日本敏锐地发现不能完全效仿外国的体制，要创造和发掘本国的优秀资源。于是从894年开始，日本朝廷停止派遣遣唐使，逐步摆脱中国模式的束缚，还创造了平假名，成就了本土散文文学的繁荣。

紫式部究竟在宫廷生活了多久已经得不到确切的考证了，有说她几乎一直在宫中侍奉中宫的，也有说她后来辞去了女官职位的。不论怎样，这段经历是她人生最重要的财富之一。紫式部逝世时的年龄没有确切的答案，如今只能在京都寂静、安详的一隅看到她的墓地。实际上，现今所看到的紫式部墓地是否真实也不能确定，但后世普遍认可此处。紫式部之墓平淡无奇，周围也没什么修饰，且只占了很少的土地。从她留给后世的文字来看，她为人低调，谨小慎微，名利于她而言只是过眼云烟。紫式部留给后世的不是有形的物质，而是无形的精神财富。

心灵栖居

在日本文学史上,《源氏物语》被称为日本古典文学巨著,有着极高的审美价值和历史意义。它以史诗笔法表现日本平安时期的贵族、宫廷生活,打破了初期物语文学虚构、杜撰的樊篱,开辟了物语文学的新道路,启发并影响着后世日本文学家的审美。《源氏物语》问世之前已有物语文学,如《竹取物语》《伊势物语》等,但《源氏物语》"与之前的物语文学明显不同,这种手法打破了之前支撑物语文学的固定模式,这意味着物语文学开始从既定的讲述模式中独立出来"[1],最可贵的是,作者"从历史的重压下解脱出来,以游离于历史之外的视角,通过物语故事的演变,来阐释自己对历史的认识"[2]。

小说主要以平安时代的首都平安京(即京都)为背景,围绕光源氏的婚姻和爱情故事展开。小说大致可以划分为三个部分,第一部分主要写光源氏在青少年阶段和成年阶段结识不同女性直至升为太上皇的故事;第二部分主要讲光源氏中年阶段的情感变故;第三部分写光源氏之子薰君与几个女子的爱情故事。虽然看起来紫式部是以男性为主要角色构架整部小说的,但却大篇幅地描写了各种各样的女性形象,如外表美丽、性格隐忍顺从的紫姬,敏感多情的藤壶,薄命脆弱的夕颜,恪守礼法却又内心矛盾的空蝉,傲骨高贵、冰清玉洁的玉鬘等,体现出作者对女性的怜爱与欣赏之情。文中,光源氏在人生的鼎盛时期,于六条院旧址修建了一处宅院,分为春夏秋冬四区,将自己生命中较为重要的几个女性接来居住,对其他女性如空蝉、末摘花等人也照顾有加。这体现了紫式部对于女性归宿的理想化设计。她细致展示了贵族女性的爱情、婚

---

[1] 古桥信孝. 日本文学史[M]. 徐凤,付秀梅,译. 南京:南京大学出版社,2015:136.
[2] 姚继中. 《源氏物语》与中国传统文化[M]. 北京:中央编译出版社,2010:21.

姻生活和人生命运起伏。这些女性无疑都为作者所喜爱、同情、惋惜，她们几乎都以悲剧性结尾收场，体现了紫式部对平安时代背景下女性命运的思考。"可以说，《源氏物语》是一部女人为女人而作、女人为女人鸣不平、呼唤人的地位和尊严的划时代的巨著。"①紫式部在日本女性文学中起着重要的作用，学者白根治夫认为《源氏物语》等作品是日本的语言和国家主体性之本。在白根治夫的观念中，紫式部就是一个日本艺能界的天钿女命。作为日本官方史记的书籍《日本书纪》中所记载的天钿女命是"艺能之神"，"正是这样一位既是舞者又是艺人的女性将天照大神从岩户中引出，让世界恢复光明，重建秩序"②，同样，在日本古典文学的范畴中，紫式部是能够"连接此岸世界和彼岸世界的重要媒介"。紫式部和她的巨著《源氏物语》承担着构筑贵族文学体系的重任，是世界女性文学中不可或缺的组成部分。

与其他物语作品相比，在《源氏物语》中，紫式部凸显了心灵救赎的意义。小说中大量充斥着主人公光源氏的内心活动，在内心活动中又蕴含着矛盾、悔恨、欲望等情感要素。如小说提到，面对温柔又刚强的空蝉时，"源氏公子虽然觉得对这女子惹不起，但是空空放过机会，又很可惜"③。面对夕颜的突然病故，源氏公子有一段内心独白：

> ……我前世做了什么孽，今世要消受这性命攸关的忧患呢？罪由心生，这是我在色情上犯了这逆天悖理、无可辩解的罪过所得的报应，故而发生这罕有其例的横事吧……④

随着年龄的增长，源氏公子对喜爱的女子的命运越来越难以把握，直至后来，紫夫人的逝世给了他近乎致命的打击，使他产生出家的念头。回顾自己的人生，他痛彻地醒悟：

---

① 陶力. 紫式部和《源氏物语》[M]. 沈阳：辽宁大学出版社，2002：77.
② 白根治夫. 世界文学中的日本女性文学[J]. 邱春泉，译. 日本学习与研究，2015（2）.
③ 紫式部. 源氏物语[M]. 丰子恺，译. 北京：人民文学出版社，1980：39.
④ 紫式部. 源氏物语[M]. 丰子恺，译. 北京：人民文学出版社，1980：68.

我对镜顾影，自知相貌不凡，此外一切，无不远胜常人。而自髫以来，屡遭人生无常之痛，常思佛法指引，度我出家。只因难下决心，终于因循度日，遂致身受过去未来无有其例的苦患。如今以后，对此世间亦无可留恋。从此专心修行，应无一切障碍。岂知心中如此悲伤恼乱，深恐难入菩提之道。①

　　通过上段文字可以看出，紫式部试图通过引入佛学观念处理人的精神危机和命运诘难。的确，那些将极乐极悲都体验过的人的心灵是迷茫的，当精神的归宿面临着不可知的时候，宗教便成为心灵的优先选择。

　　平安时代的摄关政治时期是动乱、转折的过渡时期。朝内朝外都矛盾重重，在现实制度不可调整之时，人们便极易将心灵寄托于宗教。这时，佛教便成为一种思想力量，弥漫整个王朝。据说平安时代人们频频出家，《源氏物语》和《紫式部日记》中对此也有大量印证。在《源氏物语》中，主要人物紫姬一直忍受着光源氏多情的痛苦，出家寻求心灵的自由便成为她后半生的夙愿。然而光源氏却迟迟不肯让紫姬离开，紫姬最终抱恨离世。光源氏深受打击，惶惶不可终日，出家也成了他的最

故居一隅

---

① 紫式部.源氏物语[M].丰子恺，译.北京：人民文学出版社，1980：716.

庐山寺大门

终归属。在紫式部的作品中，不仅人物的命运与佛教联系在一起，各个人物的思想也与佛教思想有着密切的关系，如因果报应。《源氏物语》中的空蝉、藤壶、六条妃子等人时常抒发命运无常之感，由现世的恩怨联想到前世，又期望来世摆脱苦难。紫式部在自己的日记中也处处透露出佛教思想，在其日记第五十二篇《出道的心愿和犹豫》中，她写道："我已心空如净，不留半点尘世之怨。倘若出家修行，肯定也不会有丝毫的怠慢。"① 世间琐事、宫廷争斗使紫式部心生忧郁，求道变成了她的愿望和心灵归属。紫式部把往生净土视作心灵救赎之道和理想归宿，尘世的罪恶只有通过在佛门潜心修行才能被消除。紫式部相信因果报应，她认为人既有前生又有后世，且现世的修行会不断影响后世。她将对于前生来世的想象不断反馈到内心，既对未知存有幻想，又不可避免地带有颓败的情绪，从这种意义上来说，紫式部作品中的物哀美学也在一定程度上受到了其佛教思想的影响。

---

① 藤原道纲母等.王朝女性日记[M].林岚，郑民钦，译.石家庄：河北教育出版社，2002：356.

紫式部和她的《源氏物语》是日本人民乃至世界人民的精神宝库，是后世浮躁的心灵可以栖居的一方净土。究竟紫式部对后世产生了哪些影响？也许，这可以从川端康成说起。

川端康成不仅是日本文坛的泰斗，而且是日本首位获得诺贝尔文学奖的作家。他的代表作品有《伊豆舞女》《雪国》《古都》《千只鹤》等，熟悉他作品的读者很容易从他的文字中感受到凄美的哀伤。川端康成虽然不在日本京都出生，但却视京都为日本的故乡、自己的故乡。他深受日本传统文学的熏陶，其人其文无不流露出孤独感和阴柔美。川端康成一生执着追求日本传统的美，物哀美学便是从他这里继承、发扬光大的。

川端康成深受紫式部影响，他对《源氏物语》的喜爱到了痴迷的程度："作为九百五十年前乃至上千年前就拥有《源氏物语》的民族的一分子，我是多么殷切地期待着出现一位可以与紫式部相匹敌的文学家啊！"[①] 川端康成之所以将《源氏物语》奉为大和民族文化的硕果，是因为这部作品影响了日本的文化形态和民族审美意识。川端康成与紫式部是隔着重重岁月的两个作家，但川端康成对紫式部作品情感的体会却没有什么隔阂。他在散文《哀愁》中写道，日本战败投降，在一片颓废的氛围里，自己坐在电车里看古本线装的《源氏物语》，陶醉在千年之前的古典美中。他是在用这种方式表达对战争状态下的日本失望的心情，他在后文中写道："我思念日本。"他所思念的正是曾经感物伤怀的真实的日本，是拥有着传统民族精神的日本。这个日本，是紫式部和她的思想所在的日本。

《源氏物语》不仅在日本享有盛誉，将其放在世界文学的坐标系中，它的价值也是巨大的。《源氏物语》内容驳杂，思想深远，以至于后世无法将它定义为某一种类型的作品。中国的《红楼梦》问世之后，很多学者常常将其与《源氏物语》进行比较研究，而且还专门成立了独立学科，即"源学"和"红学"。虽然二者来自不同的国家，植根于不同

---

① 川端康成.川端康成散文：下册[M].叶渭渠，译.北京：中国广播电视出版社，1999：132.

的时代土壤，但二者无论是在艺术上、思想上，还是在人物特征方面都有惊人的相通之处。这两部作品都是自己本土的经典，甚至超越国界，成为世界文学领域中的璀璨明星。《源氏物语》与《红楼梦》反映的都是贵族生活，描绘了贵族的兴衰。它们都从多角度、不同层面赋予作品主人公"哀"的色调，然而这种"哀"不是起始于悲观厌世的人生观、价值观，也并非终止于无可挽回的封建末路，而是深深植根于人世美好的人、事、物中。两部作品都为美好事物的逝去而感到哀痛，尤其为女性多舛的命运深深叹息。在《红楼梦》中，曹雪芹借贾宝玉之口表达对大观园各个女性的欣赏和怜惜。在《源氏物语》和《紫式部日记》中，紫式部也频繁地对人的美好仪表和心灵抒发感慨。如，她频繁描写女性长发的细节，或写女性长发拖曳到地的飘逸、绾起时的柔美，或写长发的浓密与光泽，反映出紫式部极为细腻、柔美的一面。不仅对人如此，就连周遭一草一木也都是紫式部吟咏怜爱的对象。总之，她总是以温柔的目光注视美好的事物。紫式部以卓越的写作艺术实现了与读者跨民族、跨时代的沟通，给予后世无限的思考空间和精神资源。

结语

紫式部曾在日记中这样评价女性："凡天下女子，都应以稳重谦和为本。只有做到了心神怡静，才能够培养出高尚的品位和丰富的情趣。"[①]紫式部与她作品中的女性一样，有着丰富的情感和极高的修养，从《源氏物语》中的各个美好女性身上可以体会作者的敏感多情，从日记中又可以感知紫式部的冷静克制。更多的时候我们认识的紫式部是一位感性与理性交织的女子。世界文学史上的紫式部被冠以无数伟大称号，但在

---

① 藤原道纲母等. 王朝女性日记[M]. 林岚，郑民钦，译. 石家庄：河北教育出版社，2002：353-354.

她的文字中，我们看到的是更为丰富的她，浮华纷扰背后，她常常处于望月惜往事、抚琴叹悲苦的孤独状态，也许这才是紫式部在浩渺历史中最为真实的一个剪影。经典文学带给人的影响代代不同，但每个时代总有一束美好的人性之光能够照耀无数后人。

明治维新以后，日本西方化倾向越来越浓厚，黑川雅之的《日本的八个审美意识》的序言题目为"日本人是西方世界观的奴隶"，他在文中写道："日本的西方化速度之快被西方思想的色彩涂抹之重是出乎所有人的意料的，以至于作为微敏的思考方式和感觉的切入点，即日本的审美意识考量，也有许多部分都已经被近代西方思想和世界观所替代。"① 在如今全球化的大背景下，我们似乎更能够理解川端康成对于大和民族古典文化的呼唤。在繁杂的多元文化背景中，紫式部的《源氏物语》可以说是大和民族真正的心灵栖居之所。

辗转千年，紫式部对日本文学的发展以及大和民族审美意识的影响是绵延不绝的。她的作品不仅净化了日本民族精神血液，更站在了世界文明队列之中，成为世界文学中最精致、最典雅的杰作之一。

（撰稿：刘聪）

参考文献

白根治夫.世界文学中的日本女性文学[J].邱春泉，译.日本学习与研究，2015（2）.

川端康成.川端康成散文：下册[M].叶渭渠，译.北京：中国广播电

---

① 黑川雅之.日本的八个审美意识[M].王超鹰，张迎星，译.石家庄：河北美术出版社，2014：序言.

视出版社，1999.

川端康成.花未眠：散文选编[M].叶渭渠，译.桂林：广西师范大学出版社，2001.

董衡巽.海明威研究.北京：中国社会科学出版社，1981.

古桥信孝.日本文学史[M].徐凤，付秀梅，译.南京：南京大学出版社，2015.

河添房江.源氏风物集[M].丁国旗，丁依若，译.北京：新星出版社，2015.

黑川雅之.日本的八个审美意识[M].王超鹰，张迎星，译.石家庄：河北美术出版社，2014.

李鹏.寻访历史名城[M].北京：北京工业大学出版社，2003.

墨菲.东亚史[M].林震，译.北京：世界图书出版公司，2012.

陶力.紫式部和《源氏物语》[M].沈阳：辽宁大学出版社，2002.

藤原道纲母等.王朝女性日记[M].林岚，郑民钦，译.石家庄：河北教育出版社，2002.

姚继中.源氏物语与中国传统文化[M].北京：中央编译出版社，2010.

紫式部.《源氏物语》[M].丰子恺，译.北京：人民文学出版社，1980.

但 丁

  古朴雅致的佛罗伦萨市位于意大利中部，它曾是欧洲文艺复兴的心脏，孕育了无数文学家、艺术家。城市的中心是著名的圣母百花大教堂，教堂的周围遍布着狭窄而整洁的小巷，两边是有着上百年历史的古建筑，这里的一砖一瓦都承载着历史，凝聚着沧桑，蕴藏着恒久的记忆。

  但丁出生的这所房子，也是他生活了三十八年的故居，位于佛罗伦萨古城中心，圣母百花教堂南面。故居门前的窄巷因这位中世纪的伟大诗人的巨大影响力而被命名为"但丁街"。踏在斑驳的石板路上，宛若置身于中世纪，仿佛一转身，便会看到穿着长袍、佩戴刀剑的骑士。沿街前行不久，眼前便出现一座不起眼的灰砖三层小楼，与周围建筑相比略显破旧，墙面历经岁月的变迁早已凹凸不平。若非那面印着"Casa di Dante（但丁之家）"的标旗和一座但丁半身像的提示，多数人会忽视它。故居前的一块石板颇为神奇，遇水便会显现出神似但丁面部轮廓的浮雕。据说淋湿石板并低头注视，便是在向这位伟大的诗人鞠躬致敬。

  推开褐色木门，房间里的一切，依然是但丁离乡前的模样：

墙面洁白，正如房主纯净的灵魂；家具简约雅致，跨越几个世纪的光阴也依然完好如新。千年以前它们曾默默地见证了诗人的成长，而如今，又向慕名前来的人们低声倾诉着诗人的往事。沿着扶梯向上走，就会看到但丁的卧室，那里狭小、低矮，装饰极少，说它是斗室也不为过。从1265年到1302年，这间小屋记录了但丁年轻时的迷茫、孤独与失落，也见证了他的努力、坚持与对贝西纯净的爱。他将生命中最真挚的爱奉献给了高雅纯洁的贝西，将激情奉献给了政治事业与文学创作。政治事业方面，但丁始终坚持着肃清罪恶的理想，即使后来沦落他乡也矢志不渝；文学创作方面，从《新生》到《神曲》，但丁不仅在抒写爱情与现实，更以强烈的爱国情感，用优美质朴的语言，促进了现代意大利语的范本——托斯卡纳方言的形成与发展，从而在意大利规范化语言发展史上留下浓墨重彩的一笔。

但丁故居（意大利佛罗伦萨）

　　但丁的一生命途坎坷，但也正是多舛的命运造就了这位文学巨匠。五十六年的生命中，他以温婉的笔触抒写爱情，以犀利的笔锋鞭挞中世纪的罪恶，以高昂的热情呼吁祖国的统一，更以先进的思想为意大利文艺复兴铺垫了基石。但丁不仅是伟大的意大利民族诗人，更是一位划时代的语言家、思想家与政治家。

月桂树下的少年

古老的佛罗伦萨城曾生活着许多名门望族，但丁父亲所在的阿利吉耶里家族便是其中一个，其家族历史最早可追溯至八世纪出身于罗马的埃利斯人。那时的阿利吉耶里家族风光无限，有着令人敬仰的贵族骑士身份。然而，到了十三世纪，阿利吉耶里家族的地位一落千丈，从富裕的贵族沦为随时可能破产的中产阶级。没有了头衔和经济的保障，但丁的父亲只能靠经商维系家庭生活。而所谓的经商，也包括了经营高利贷生意，这也是日后但丁以父亲为耻的重要原因。

但丁出生于1265年5月下旬的一天。出生后，按照天主教的传统，但丁接受新生儿洗礼，父母为他取名为杜兰特（Durante），希望他承袭祖父的顽强、坚韧，但慢慢地，大家都习惯叫他小但丁（Dante），这一带着"永恒"意味的名字预示性地陪伴了他一生。

世界上有一种最伟大的声音，那便是母亲的呼唤，这是《神曲》中但丁对母亲的盛情赞誉。在家里，但丁最爱的就是母亲，母亲也最疼爱但丁。然而不幸的是，但丁五岁时，母亲就去世了，留给但丁无限的思念，并且极大地影响了但丁对女性的审美。但丁内心对柔美女性的向往与喜爱，在他日后的诗歌作品中不难窥见，《神曲》中但丁的母亲、贝西，以及天堂终点的圣母玛利亚都是印证。

几年后，父亲续弦，家中又添了两个弟弟与一个妹妹。生活中，父亲与但丁关系淡漠，父亲忙于经营高利贷的生意，对小但丁生活上疏于关心，却极其重视对他的教育，在但丁年龄尚小时便送他到居所附近的修道院儿童学校进行学习。教会学校里枯燥的课程没能激起小但丁的学习兴趣，然而在《圣经》故事中，但丁却寻找到了宝藏，那些奇幻的哲理故事与精妙的语言给了他无尽的启发，影响了他的一生。

但丁对语言有一种与生俱来的驾驭能力，他不仅精于背诵模仿，更善于利用自己的天赋遣词造句。他留心倾听佛罗伦萨城内的各种奇闻异事，更钟情于讲故事的人所用的奇特语言——那是一种明白畅朗、让所有人一听便懂的语言，它富有激情，又好像有一种魔力，能深深地吸引听众的注意，它就是流传于佛罗伦萨街头巷尾的俗语。但丁不在乎这种语言流传于下层社会的木匠、铁匠、小商人之间，他只为那些简单而朗朗上口的词语和韵律所吸引。自那时起，但丁就自觉担起了发扬托斯卡纳语言的伟大使命。在自己那间矮小的卧室里，但丁日复一日地诵读着经典。他热爱古典文学，熟悉贺拉斯、奥维德等古罗马诗人，奉维吉尔为人生导师。在他的身体里，有着一个超越年龄而存在的高贵灵魂，它预示着，这个少年终有一日将化茧成蝶。

随着年龄的增长，但丁对知识的渴求愈加强烈。然而此时，但丁的家乡佛罗伦萨动荡不安，阶级矛盾尖锐，人们的生活重心都聚焦在政治斗争上。求知欲无法得到满足的但丁越来越向往另一座城市——博洛尼亚。知识是没有边界的，真正将它当作个人追求与信仰的人，不会为它设置条条框框，画地为牢。相反，探索万物奥秘的真理之光会引导他们，使其对所有未知的事物感到好奇，并不懈地追逐它，即便是在宗教神学迷雾笼罩下的封建社会也是如此。但丁就是这样的真理追求者。他对多个学科门类都有着强烈的好奇心，无论是演说，还是哲学、绘画、音乐，都让他着迷。但丁离开了那处于狭窄小巷的家，离开了自己引以为耻的父亲，只身一人来到博洛尼亚，开始了求学之旅，而这座地处开阔平原地带的城市，也以更加开放、包容的地域文化改变着来自重山之外的少年。

在博洛尼亚，但丁遇到著名学者布鲁内托·拉蒂尼，拉蒂尼欣赏但丁，给了他很多的建议，并极大地鼓励了他。渐渐地，但丁敞开了自己的心扉，更加乐于在人们面前表现自己。他伶牙俐齿，长于论辩，善于用俗语增加其演说的魅力。那些从街头巷尾习得的俗语本就具有明快的节奏，加上但丁缜密的逻辑和语言润色，便形成了通俗与高雅兼具、想象与现实交融、自然与严谨相得益彰的清新诗歌。但丁备受当地人们的追捧，很快便在这里名声大噪。

然而，博洛尼亚的美好时光没有持续多久，但丁便因生活拮据而不得不返回佛罗伦萨。求学经历虽然短暂，却让但丁结交了更多优秀的学者，开阔了他的视野，也使他从政的愿望日渐强烈，他渴望有机会实现自己的使命与价值，特别是当他目睹了圭尔夫和吉柏林派的惨烈斗争和贪腐混乱的社会现状后，他更加坚定了自己的理想——"消除一切社会弊病，由帝国管理世界，由教会培育灵魂"①。

回到佛罗伦萨后，但丁没有停止创作，凭借一些流行的抒情小诗，他很快结识了一批青年才俊。他们共同饮酒游乐，探讨佛罗伦萨的方方面面，甚至是女性。但丁曾挑选城内六十位美女进行排名，并创作道德诗《六十》。由于审美角度差异，几个朋友看到排名后争论不休，最终也没有形成一致的意见。其实他们不知道，但丁创作这首诗的目的很大程度上是为了掩盖自己对贝西的爱。

故居大门

福雷塞·多纳蒂是但丁故友中较为重要的一位，也是佛罗伦萨黑党领袖科索·多纳蒂的同胞兄弟。家世显赫的他通晓文理，言语犀利，但丁也是口齿伶俐，能说会道。因此，每当两人意见相左时，都免不了一场"争斗"。一次，两人又因一些小事不欢而散，但丁回家后突然起意，写下一首十四行诗来讽刺福雷塞不懂风情，冷落妻子，随后还在两人共同的朋友面前大声朗诵，这让福雷塞觉得十分丢脸。受到羞辱

---

① 马兰.图说美学 耀世典藏版[M].天津：天津人民出版社，2015：65.

的他立即写诗"回敬",讽刺但丁家道中落。但丁也不甘示弱,攻击福雷塞贪食无厌(天主教"七宗罪"之一),揭露多纳蒂家族的荒淫无耻。福雷塞十分了解但丁的家族历史,他抨击但丁的父亲是忍气吞声的懦夫,并且指责作为儿子的但丁不仅懦弱,更不敢为父亲辩护。福雷塞也许不知道,他一针见血地戳中了但丁的痛处,以父亲职业为耻的但丁的确不愿就此多做解释。自此,两人的争吵渐渐偃旗息鼓,此

室内楼梯

后的两人像什么都没发生过,依旧共同饮酒作乐。多年后,流亡中的但丁也没有忘记这位昔日的朋友。但丁后来将福雷塞的贪食之罪写入《神曲》炼狱部分。在第二十三歌中,但丁与那因节制食欲而形容枯槁的故友重逢,福雷塞憔悴的面容唤起了但丁内心的怜悯,对故友离去的思念与哀痛之情不自禁地奔涌而出。在第二十四歌里,炼狱中的二人竟谈起诗歌,福雷塞更是自叹但丁那优美无比的清新笔调让人难以企及。[①]

毋庸置疑,无论是清新的赞美诗还是揶揄的讽刺诗,出自但丁之手的作品总会受到人们热烈的欢迎。每一首诗的诞生,都为但丁逝世后伟大的声誉奠定了基石。

[①] 参见但丁. 神曲[M]. 朱维基, 译. 上海: 上海译文出版社, 2011: 385-399.

被爱神俘获的诗人

　　佛罗伦萨城依山傍水，起伏的山丘给这座城市增添了柔和之美，静静的阿诺河穿城而过，为城市平添几分浪漫。当佛罗伦萨的人们忙碌于生活与政治斗争时，谁也没注意到一个孤单的少年悄悄地被爱神俘获了。

　　但丁五岁便失去母亲，父亲又专注于经营生意，因此他在家中无处寻得关怀，他的童年是让人心痛的。他不似同龄的孩童那般可以在母亲膝下玩耍，而是用更多的时间在小小的卧室里读着父亲给他的书。1274年的一天，对但丁而言是不平凡的一天。九岁的但丁随父亲参加同为银行家的邻居福尔科·波尔蒂纳里举行的宴会。孤单的少年在人群之中显得格外渺小，他不知所措地站在那里，目光游离，直到一团火焰闯进了他的眼睛——但丁遇到了他一生的挚爱——年仅八岁的贝西（即贝阿特丽丝，Beatrice）。八岁的贝西·波尔蒂纳里身着朱红色长裙，散发出超越其年龄的端庄与优雅。也许是因为那条火红的长裙，也许是因为贝西温柔美丽的气质，少年但丁的心被俘获了，他感受到久违的温暖，感受到了自己"新生的开始"。《新生》的开篇，但丁用意大利语描述道，贝西如神一般，震慑到了但丁身体的每一个细胞，从"比我更强有力的神前来主宰我了"[1]一句足以看出，贝西给少年但丁带来的震撼。但丁在写作时，借由一系列感官的状态来表现爱情带来的冲击力，既清新又带有一些幽默的色彩，如"那一时刻，主宰摄取饮食部位的自然精灵开始哭泣，他痛哭流涕地说了这些话：苦了！因为从此以后，我经常不得安宁"[2]。

　　一次见面就足以让但丁终生难忘。自那时起，爱神便将它的长箭留

---

[1] 但丁. 新生[M]. 钱鸿嘉, 译. 上海：上海译文出版社, 1993: 2.
[2] 但丁. 新生[M]. 钱鸿嘉, 译. 上海：上海译文出版社, 1993: 3.

在但丁的心中。贝西在但丁的脑海中成了一个纯洁而又不可磨灭的象征性符号。生活在天主教盛行的中世纪，但丁的思想不免受到神秘主义因素的影响，而他对贝西长达一生的爱恋，也与宗教神秘主义有着模糊的关系。但丁认为，一个作品往往具有包含字面义与隐喻义等多重意义在内的多义性，而隐喻义又可以分为道德义与神秘义。① 其中，神秘义所指向的方法论便是中世纪隐喻解经的传统，从这一角度欣赏但丁的诗歌，就可以发现其诗歌中的神秘意蕴。在《新生》的开篇，他曾多次将贝西与数字"九"联系起来，如"我出世以后，太阳运行后又差不多回到原处已有九次……自从她来到这世界上，星空已向东方运行了一度的十二分之一，所以她在我面前出现时大约刚到九岁，而我见到她时则快满九岁了"②。在天主教文化中，九是三的倍数，三则代表了"三位一体（即圣父、圣子、圣灵）"的原始宗教思想。有关贝西的一切都与三位一体的传统神学观点密切相关，这使但丁深信：这就是神谕，是暗示，贝西就是神派到他身边的天使，是情人、妹妹、母亲三位一体的灵魂伴侣。③ 这一点在但丁青年时的另一首赞美女性的道德诗《六十》中也能得到印证。但丁在诗歌中列举了六十位佛罗伦萨美女的名字，贝西却仅被排到第九位，这样做不仅是为了深藏所爱之人的痕迹而不让他人发觉，同时也将他所认为的两人神谕般的宿命隐晦地表达出来。

但丁将对贝西的爱深埋在心底，对他来说，贝西是神赐的福祉，只有在那间矮小的卧室独处时，但丁才会细细回味对她的感情。1277年，转眼但丁已经十二岁了，父亲考虑到家中经济状况持续恶化，家族社会地位低下，决定用传统的办法来解决危机——联姻。令但丁失望的是，联姻的对象并非是他暗恋的贝西，而是多纳蒂家族的远房亲戚盖玛·多

---

① 参见姜岳斌.伦理的诗学：但丁诗学思想研究[M].杭州：浙江大学出版社，2007：155.
② 但丁.新生[M].钱鸿嘉，译.上海：上海译文出版社，1993：1-2.
③ 参见梅列日科夫斯基.但丁传：地狱·炼狱·天国[M].汪晓春，译.北京：团结出版社，2005：22.

纳蒂。在当时，多纳蒂家族领导着佛罗伦萨圭尔夫派，社会地位较高。无疑，这是一场涉及政治、经济利益的联姻，但丁不能进行任何抵抗。何况，从头至尾，他都未能真正地走近他所暗恋之人。

在但丁九岁那一次见到贝西后，命运就将两人阻隔开来。直到九年后的1283年，十八岁的但丁，在阿诺河附近的金桥上再次遇到贝西，他心中爱的"精灵"再次苏醒。少女贝西身着白裙，在两名略年长的女子簇拥下缓缓走过。他激动又紧张，像情窦初开的少年，欲上前倾诉爱意又害怕被心爱的人拒绝，他只能远远地站在角落凝视着她。没想到贝西主动上前问候，这让他血液翻涌，错以为自己受到了爱神的垂青。可当他注意到少女手中那鲜红的玫瑰时，内心随即变得痛苦不堪，他跌跌撞撞地穿过小巷回到家中自己的小房间里，执笔写下了那些隽永的爱情诗句：

> 她经过一条街时，盈盈秋波转向我惶悚不安地站着的地方，她怀着无比的深情向我亲切致礼，使我似乎看到幸福就近在身边……当她向我致以极其甜蜜的问候时，正好是那天的九点钟……我真是欣喜若狂，就如醉如痴地离开了人群，

故居展室

故居卧室

回到我房间里静寂的所在，思念起这个尤物来。①

但丁不知道，这是他第一次与心上人交谈，却也是最后一次与她在人间见面。十八岁那一年对于但丁来说注定是不平凡的一年，父亲离世，贝西嫁人。如果说与父亲淡漠的感情使但丁对父亲的离去并没有太多的悲伤情绪，那么挚爱的贝西嫁人可以说是对但丁极为沉重的打击。十七岁的贝西在父亲的要求下，以续弦者的身份嫁给了佛罗伦萨首富——西蒙·德·巴尔蒂。尽管但丁知道贝西要嫁的这位银行家是一位怀有仁慈之心的好人，但但丁仍然感到心痛不已。

对于但丁来说，即便不能得到爱人的青睐，能远远地看着她也是好的，但命运似乎有意折磨这位诗人。1290年，正值妙龄的贝西去世了，得知消息的但丁悲痛欲绝。没有了慈母，失去了挚爱，但丁在那狭小的卧室里黯然神伤。他孤身一人，心中的苦楚无人分享。但丁辗转反侧，寝食难安，最终怀着对贝西的思念之情，写下了哭诉爱人离去的不朽

---

① 但丁. 新生[M]. 钱鸿嘉，译. 上海：上海译文出版社，1993：4.

诗句：

> 哭吧，相爱的人们！因为爱神在哭……因为对那颗温柔的心，死神多残酷，已经狠狠地向她下了毒手，竟把世人赞美的美女夺走，女郎呀，连诗人也把她称誉。①

是啊，夺走贝西生命的死神最应当受责难，他怎能将孤苦无依的但丁在俗世间唯一的温暖也一同夺走呢？

1295年，贝西已去世五年，但丁与盖玛·多纳蒂结婚。结婚后，盖玛给但丁生下了三个儿女。虽然盖玛美丽、贤惠，但在但丁眼里，她却远不及贝西，他甚至极少在作品中提及自己的妻子。对于但丁来说，只有贝西才是他永恒的缪斯。贝西吸引但丁的不只是她温柔的外表与高洁的品质，还有那散发出的与众不同的气质——她是那么神圣、纯洁。至少在但丁心里，贝西代表了宗教的某种属性，只有贝西才能成为他的精神伴侣。

降生于中世纪的但丁年幼时便接受教会教育，他一直坚信：宗教教育应当以洗尽人的罪恶、升华人的灵魂为任务，不论宗教、政治、爱情，都应当保持纯洁。他始终以严格的教义约束自己，在记录佛罗伦萨美女的诗歌《六十》中，他只是列举了美女姓名而没有具体描述她们因何而美，原因是他不愿描写那些有关肉体的露骨之词。但丁对贝西的爱至真至纯。在《神曲》中，贝西的位置甚至高于引导但丁走出内心迷惘（地狱与炼狱）的理性导师维吉尔。在这部继承了中世纪天主教文学所具有的象征、梦幻等特点的巨作中，贝西不仅代表纯洁与美好，更象征着信仰与虔诚，她委托维吉尔在但丁困惑之时带领他走出困境，并最终指引但丁走向天堂。

值得一提的是，在《新生》第三篇中，但丁曾隐晦地透露过自己对贝西的欲望，他写道：

---

① 但丁. 新生[M]. 钱鸿嘉，译. 上海：上海译文出版社，1993：14.

爱神在我面前显得十分欣喜，他捧着我的心；在他怀抱里面，一个披着薄布的女郎睡在那里，然后他把女郎弄醒；她顺从地吃了这颗燃烧的心，浑身打战，不一会，我见他泪汪汪悄然别离。①

对但丁来说，这既是对爱人的歌颂，又是奇异而可怕的幻景。象征着贝西的女郎在诗中以半裸的形象出现，代表了淫欲；她如同交尾完就吃掉雄性的雌蛛，也代表着邪恶。但丁坚信梦是一种预兆，认为这梦是奇怪诡异的，在《新生》第四篇中，他提到"自从出现了那次幻象以后，我精神萎靡，一蹶不振……不多久，我就变得十分虚弱"②。

诚然，在由 31 首抒情诗歌组成的诗集《新生》中，但丁热情地歌颂了恋人的美，但同时他也觉察到自己潜意识中的阴暗面。他认为诡异的梦境证实自己违背了信仰，他的意志尚未坚定到足以抵挡邪恶。为了阻止纯洁的爱陷于污沼，他试图回避、隐藏内心深处对贝西的爱。可当时的佛罗伦萨罪恶横行，如何才能净化自身以及众生的心灵，成为上帝的完美子民呢？他认为，唯有肃清社会罪恶，改革社会风气，佛罗伦萨才能成为光明、自由的圣城。自此，但丁决心从政。

壮志难酬的政治家

风光秀丽的亚平宁半岛以绵长的亚平宁山脉著称。半岛北方横亘着阿尔卑斯山脉，像神圣的卫士一样阻挡着试图从北方入侵的敌人。岛内山峦连绵、交通不便的地理环境，决定了意大利城邦林立、割据纷争不断的社会历史现实。直到十三世纪，意大利的地图还像一块"七巧板"，各地之间的冲突相较于其他国家而言更为频繁，这些冲突广泛地存在于

---

① 但丁. 新生[M]. 钱鸿嘉，译. 上海：上海译文出版社，1993：7.
② 但丁. 新生[M]. 钱鸿嘉，译. 上海：上海译文出版社，1993：8.

山区与平原、东西与南北之间。

早在五世纪,意大利教权与君权的斗争便初露端倪。这样的斗争持续到十三世纪,除德国皇帝在意大利北方仍保持残余力量外,中部和南部都是教皇的势力范围。在教权与君权斗争的同时,城市享有一定的发展空间。海上贸易的日渐繁荣带来了资本主义的蓬勃发展,商业繁荣不仅加快了财富的原始积累,也给人们带来了从旧束缚中解脱出来的希望。新兴资产阶级的迅速崛起给教会、君主、封建贵族带来了强烈冲击。一方面,新兴资产阶级被支持君权的封建守旧势力排斥,他们为争取自身的权益而投靠于教权势力,形成了圭尔夫派;另一方面,为了与富庶的新兴资产阶级抗衡,并维护自己的优势地位、维持君权统治,封建旧贵族组成了吉柏林派。

1289年,圭尔夫派与吉伯林派之间的斗争愈趋激烈。6月,青年但丁作为佛罗伦萨市的骑兵参加了坎帕尔迪诺战役。在战场上,但丁表现得颇为英勇,坚持战斗在前线,直至负伤。此次战役以圭尔夫派的大胜为结局,沉重地打击了阿雷佐的吉伯林派。然而这荣耀的战斗结束不久,圭尔夫派便开始了内讧。一部分成员渴望保持佛罗伦萨的独立自治,不

《神曲·地狱篇》插图

但丁之墓

希望有包括教皇在内的外来势力插手政务，结成白党；另一部分成员则继续保持对教皇的亲近，愿受教皇支配，结成黑党。随着但丁逐渐成熟，"城市本应自由"的概念在他脑海里萌生、发展，在政治上，他也逐渐向白党靠拢。

1293年的佛罗伦萨，新兴资产阶级已经凭借雄厚的资产在经济上崛起，但由于没有与之相称的政治地位，封建贵族对他们嗤之以鼻，认为他们是低劣的暴发户。为了获得话语权，他们转身投向与君权相对的教权门下，并获得了一定的政治权力与社会地位。然而尽管如此，处于雏形期的新兴资产阶级仍缺少一位领袖，一位强有力的代言人。这时，贵族出身的佛罗伦萨民主派领袖加诺·贝拉出现了。他有着可以推动社会进步的先进思想，并甘愿放弃贵族头衔以领导改革，因而得到了市民阶层的广泛支持。在他的领导下，佛罗伦萨市于1293年颁布实施了《正义法规》。法规中的一条规定极为令人瞩目：带有旧贵族头衔的家族及其成员均不可参政，无论直系或旁系。这一法规在法律上断绝了贵族在佛罗伦萨掌权的可能性。法规颁布后，佛罗伦萨市建立了行会民主政权，政权落入行会手中。对但丁来说，这是一次良机。他积极加入七大行会之一——医药商行会，为他后续的发展奠定了基础。

风云变幻的政坛充斥着阴谋。纵然加诺·贝拉拥有过人的胆识和超前的远见，并因善良而广受人民拥护，但善良也成了他的软肋。1295年，一些贵族联手加害于他，致使他不得不流亡国外。同年，但丁作为商会代表加入带有议会性质的"百人会议"。在这更广阔的政治舞台上，但丁的才华得以施展。

此时正值教皇卜尼法斯八世的执政期。在教皇权威走向衰落的时期，卜尼法斯八世内心的欲望显得更加直白、强烈——敛聚钱财，获取权力。他为人阴险，野心勃勃，表面是威严的教皇，实则毫无道德底线。他以阴谋手段登上教皇之位，备受指责。在职期间，他凭借教皇的权威，巧取豪夺罗马周边的土地，一心想扩张壮大卡塔尼家族势力。他鼓吹教权至上的思想，企图碾压世俗君权。为了满足私人权欲，他不择手段。1297年，卡塔尼家族的仇敌科隆纳家族挑起事端。科隆纳家族的一位红衣主教剥夺了卡塔尼家族的部分领地，卜尼法斯八世试图调解但被拒绝。由于两方是政治仇敌，卜尼法斯八世遂除去科隆纳家族的教籍。科隆纳家族立即反击，公开质疑教皇以非法方式继位，战争由此展开。教皇为取得胜利，公然向佛罗伦萨市政厅求助派兵。这种公报私仇的行为让但丁大为恼火。他当即反对支援教皇，反对市政厅对教皇唯首是瞻的行为。他以慷慨激昂的演说，揭露教皇的丑陋面目，力图使民众认清其本质。最终，教皇没能在佛罗伦萨获得多少支援。虽然最后教皇卜尼法斯八世依然取得了战争的胜利，但对于佛罗伦萨之事，他记恨在心。经过此事，但丁也清醒地意识到：政教应当分离，教会不应当干预政治。这一思想也体现在但丁于流放期间所著的《论世界帝国》中。

但丁认清了卜尼法斯八世的罪恶本质，在《神曲》中，将卜尼法斯八世打入了地狱的第八层。他还大胆地揭露卜尼法斯八世及其前代教皇的种种罪恶，痛斥卜尼法斯八世的贪得无厌，并指出正是他对世俗权力的贪求，使整个社会陷于悲惨。

语言可以是一种武器、一种魔法，聪明的人可以利用它来实现自己的梦想。但丁就是这样一位语言大师。高超的雄辩术和熟练、精妙的俗语运用使但丁具有卓越的演讲水平，赢得了人民的青睐与信任。从政期间，但丁勤于工作。白天，他奔波宣讲；傍晚，和朋友探讨政事。聚会结束后，但丁便回到那幢石砖小楼里，回到狭小的卧室中，坐在桌前，醉心创作。1300年，但丁凭借着语言天赋与从政热情，当选为佛罗伦萨六大执政官之一，任期为1300年6月15日至8月15日。作为一个诗人，从政并没有阻碍他进行文学创作，反而促使他更加深刻地反思社会现状，追求先进的思想。由于对任何事情都抱有探究的态度，他积累了丰富的从政经验。政治生活也极大地开阔了他的视野，这为他后期流放时的创作铺垫了道路。

　　但丁一贯秉公执法，凡事皆以佛罗伦萨的整体利益为出发点。执政期间，白党进驻市政厅，自由之光笼罩着这座城市。然而以科索·多纳蒂为首的黑党却在暗地里悄悄酝酿政变。在佛罗伦萨市圣约翰节前，科索带领黑党成员向白党寻衅，发起战斗，理由是白党夺走了其在坎帕尔迪诺战役中击败吉伯林派的荣誉。战斗的结果十分惨重，并引发了普通民众的不满。但丁站在群众和佛罗伦萨市的立场上，毫无偏袒地做出判决：无休止的党派斗争扰乱了治安，两党皆予以放逐。但丁是公正的，但也正因为他的正直而使其没有考虑到两派的利益，最终失去了两派的信任。

　　凶恶之人自是诡计多端。被流放后，科索·多纳蒂并不甘心，暗中计划着重返佛罗伦萨，以图东山再起。他从流放地狡猾地逃脱，进而前往罗马以寻求教皇卜尼法斯八世的庇护。他善于观察并利用人的弱点，深知教皇对佛罗伦萨垂涎已久，便以白党密谋反叛教皇为由，蓄意挑唆教皇与白党的关系，怂恿教皇利用法国军队占领佛罗伦萨，打击白党势力。这充满诱惑性的建议迎合了教皇的意愿，卜尼法斯八世着手勾结野心勃勃的法国统帅查理伯爵。1301年，佛罗伦萨内部流传着一个消息：受教皇卜尼法斯八世的委托，法国的查理伯爵将以"托斯卡纳纷争"调解人的身份访问佛罗伦萨。伯爵此行的目的是否"醉翁之意不在酒",佛罗伦萨市政厅无法确定,何况不久前,市政厅为了城市独立曾与教皇派来的特使发生争执。为了确定教皇的意图,维持佛罗伦萨现有的自由,市政厅派三名使者去往罗马,但丁也在其中。但丁一心想平定佛罗伦萨的内部斗争,因此对教皇抱有幻想。但他没有意识到教皇这一角色在两党斗争中所起到的反面作用,也没有意识到这其实是一个圈套,他们即将落入的是以权欲为食者的阴谋。三名使者抵达后,教皇迅速地开除了他们的教籍,驱逐了其余两人,留下但丁。1301年11月,骁勇善战的查理伯爵率军随黑党成员共同入侵佛罗伦萨。由于力量悬殊,白党被一击即溃,市政厅从此由黑党接管。很快,新的执政官驱逐了白党及吉伯林派成员,并以骗子、小偷之名签署了对但丁的放逐令。1302年1月,还在回城路上的但丁得知自己因贪污公款及反教皇、反共和罪,被判两年流放,并处以罚款。在当时的佛罗伦萨,但丁在市民中有着极高的声誉。教皇卜尼法斯八世听闻后派人到处诋毁但丁,欲彻底摧毁他的声誉。3月,市政厅对但丁进行二次判决——永久流放,没收全部财产,若自行回归,将被施以火刑。但丁从此离开了家乡,离开了佛罗伦萨。

带着愤怒与无奈,但丁踏上流浪的旅程。他一边关注政治局势,参与反抗教皇的秘密活动,一边进行文学创作。每到一处,他便研习当地的语言。被流放之初,但丁先后用意大利语创作了哲学散文集《飨宴》,用拉丁文创作了《论俗

故居前小花圃

语》。《飨宴》是一部百科全书式的学术著作,通过解读诗歌,为读者呈现各方面知识。《论俗语》是最早的一部关于意大利语及其文体、诗律的著作,但丁在书中阐述了意大利俗语的优越性以及形成意大利语的必要性,对推动意大利民族语言的形成有重要作用。

凭借极好的声誉,但丁在被流放期间收到了许多邀请,或来自故友,或来自仰慕他的人。旅程中的每一次停留,都带给他不同的收获。北方城市维罗纳激发了他的灵感,在那里,他创作了《神曲》的大部分篇章,特别是天堂部分。漂泊期间,北方传来喜讯——广受赞誉的神圣罗马帝国皇帝亨利七世(即卢森堡王朝的第一位德意志国王)将于1310年秋前往意大利。虽然他此行的目的在于收复意大利,但他也将为意大利消除党派纷争、带来和平,这意味着但丁渴求的国家统一的愿望即将实现。但丁听到这一消息后,四处奔走相告,热情地歌颂亨利七世,在《神曲》中,他称赞亨利七世为上帝派来拯救意大利的使者。与此同时,但丁开始了《论帝国世界》的创作,书中用拉丁语详细阐述了其关于国家、政治的观点,比如政教分离等。在这一时期,亨利七世率军挺进意大利各个城邦,然而由于没有认清意大利的政治局势,他同时将圭尔夫与吉伯林两派的成员遣送回城,这直接导致意大利各地爆发了新一轮的暴乱。亨利七世没有意识到问题的严重性,带领军队继续行进。他先入驻罗马,后计划进军佛罗伦萨。随后,由于佛罗伦萨的本土势力得到了盟友的帮助,导致亨利七世进军佛罗伦萨的计划失败,他选择继续率军南征。

但丁故居旁小巷

1313年，亨利七世在南征路上感染疾病，不治身亡。至此，国家统一的梦想在但丁的心中破灭。1315年，佛罗伦萨发生政变，颁布特赦令：如果但丁肯付罚金，头上撒灰、颈下挂刀游街一周，就可以免罪回国。但丁桀骜的心没有随时间改变而改变，他怎会背负这种屈辱？但丁果断拒绝这一"邀请"。1318年，但丁受邀前往拉文纳市，静谧优美的拉文纳给予但丁一席温暖之地，但丁最终留在了这座靠近亚德里亚海的城市。1321年9月，在异乡拉文纳的怀抱中，但丁与世长辞。

从1307年到去世之前，但丁坚持创作，并相继完成了《神曲》的各个部分。在这部具有里程碑意义的作品中，但丁以令人惊叹的想象力和思辨力，以神学隐喻、哲理象征、梦幻神秘的创作手法为人们描绘了一幅从地狱到天堂的画卷。这部自传性作品以长诗的形式叙述了一个梦幻故事：但丁在三十五岁时误入黑森林，并在山下遭遇猛兽，危急时刻，诗人维吉尔受贝阿特丽丝的指示前来营救他。他们穿越地狱、炼狱，遇到了无数罪人。他们或与但丁身处同一时代，或早于但丁，或是作奸犯科之人，或是智者先哲。但丁以天主教宣扬的教义和自己的好恶为他们定罪，但又在与阴魂们的对话中表现出对他们的怜悯。在炼狱与天堂之间，贝阿特丽丝前来迎接但丁，随后但丁步入天堂。作品中的整个旅程象征着但丁的人生旅途，黑森林代表了但丁内心的困惑，维吉尔代表着理性，贝阿特丽丝则代表神圣的信仰。但丁误入黑森林，代表着黑暗的现实世界使他对人生感到困惑，象征理性的维吉尔引导但丁走出困惑，贝阿特丽丝则帮助但丁重新找回信仰，获得新生。作品中同时包含了但丁对爱与自由意志、神学、世界、诗歌的种种看法。在这部诞生于中世纪末的作品中，诗人描写了上百个人物，反映了处于转折时期的意大利政治、社会生活的方方面面，并展现出新时代人文主义的曙光，是一部反映现实、传授知识的百科全书。

结语

但丁的人生路途坎坷、曲折。他渴求母亲的陪伴与心上人的垂青，渴望从政实现个人志向，期盼帝国统一与国家和平，但现实一次次地令他失望。受尽命运折磨的他不屈不挠，为后人留下了巨大的宝藏。他坚持学习，积极运用俗语写作，发展了意大利的民族语言——托斯卡纳俗语，是当之无愧的意大利语言之父。同时，他创作了一系列不朽诗歌，成为后代文人创作的源泉和范本。他统一祖国、惩奸除恶的政治与宗教思想也为意大利的统一做出了巨大贡献。他是一位忠贞的天主教徒，有坚定的信念和正义的理想；他更是一位先锋思想家，为欧洲大陆带来人文主义的曙光。

恩格斯曾盛赞但丁是中世纪的最后一位诗人，同时也是新时代最初的一位诗人。尽管但丁的思想中包含了宗教禁欲主义与神秘主义因素，但他对自由的向往以及他的政治思想足以证明他思想的进步性。

但丁也许想不到，几百年后，佛罗伦萨市曾向拉文纳市提出归还其遗骨的请求，拉文纳市继承了但丁的遗志，拒绝了这一请求，让伟大的诗人继续长眠于此。从拉文纳的但丁墓到佛罗伦萨市政广场旁的但丁故居，静默的建筑永恒地记录了诗人但丁曾经的生活、旧日的哀喜。但丁最终如自己所预言的那样，成了永垂不朽的诗人。

（撰稿：陈琛）

参考文献

但丁. 神曲·地狱篇 [M]. 田德望, 译. 北京: 人民文学出版社, 1984.

哈伊. 意大利文艺复兴的历史背景 [M]. 李玉成, 译. 北京: 生活·读书·新知三联书店, 1988.

但丁. 新生 [M]. 钱鸿嘉, 译. 上海: 上海译文出版社, 1993.

但丁. 神曲 [M]. 朱维基, 译. 上海: 上海译文出版社, 2011.

姜岳斌. 伦理的诗学: 但丁诗学思想研究 [M]. 杭州: 浙江大学出版社, 2007.

梅列日科夫斯基. 但丁传: 地狱·炼狱·天国 [M]. 汪晓春, 译. 北京: 团结出版社, 2005.

沈萼梅. 意大利语入门 [M]. 北京: 外语教学与研究出版社, 1986.

托比诺. 但丁传 [M]. 刘黎亭, 译. 上海: 上海译文出版社, 1984.

张春杰. 但丁思想研究 [D]. 天津: 南开大学, 2009.

张世华. 意大利文艺复兴研究 [M]. 上海: 上海外语教育出版社, 2002.

薄伽丘

薄伽丘的故居位于意大利中西部的切尔塔多。这一充满魅力的中世纪山城幽静而沧桑,残缺的建筑印刻着历史的痕迹。怀着敬畏与好奇之心的游客们纷至沓来,想要一睹这位文学巨匠的昔日风采。步入薄伽丘故居正门之前需要经过一条小巷,巷口那半圆形的拱门、因风化而斑驳的墙体,无不见证了这里悠久的历史。由小巷进入故居,可以看到薄伽丘被完好保存起来的部分书稿。通过那些泛黄的纸页,我们仿佛能够感受到他伏案疾书时的酣畅淋漓,能够跨越时空体味到他经历的酸甜苦辣。纵观薄伽丘的一生,他目睹了教会的奢靡腐败,体验过上流社会的奢华,家道中落后,又感受到了底层人民的艰辛。历经磨炼后,他毅然决然地扛起了"以人为本"的大旗,在血雨腥风中呐喊前行,如鲁迅先生在《记念刘和珍君》中所言:"真的猛士,敢于直面惨淡的人生,敢于正视淋漓的鲜血。"薄伽丘正是一位有着反叛精神与先进思想的勇士,在强权迫害中坚守自己的初心,敢为人先,揭露教会的虚假面目,始终以一种人性的光辉,观照人类的苦难。

在切尔塔多,薄伽丘才思泉涌,于1361年完成了《西方名女》

（又译《名媛》），薄伽丘在作品中"巧妙地将希腊罗马神话中的女神世俗化、人性化"[①]，"发掘出许多鲜为人知的杰出女性"[②]，他大胆展示男女肉体之爱，将女性的情感世界展现得淋漓尽致。这彰显了他的人文主义女性观。《西方名女》是薄伽丘倡导情欲解放、肯定女性独立地位的代表作，他用写实的笔触将当时意大利的现实生活栩栩如生地展现出来。作品出版后名声远扬，由切尔塔多流传至整个意大利，引起了人们的共鸣。薄伽丘虽身处小城切尔塔多，但他的思想却为意大利思想解放运动吹响了号角。1375年12月21日，薄伽丘在贫苦中于切尔塔多与世长辞，享年62岁。正是因为薄伽丘，切尔塔这个静谧的小城才广为人知，成为现在的文化旅游胜地。

我们该如何评价薄伽丘？是早期文艺复兴"文坛三杰"之一，还是"欧洲短篇小说之父"？是"人文主义杰出作家"，还是"文坛巨匠""灵魂的坚守者"？显然，这些响亮的称号无法概括薄伽丘辉煌的一生。学者崔莉的评述十分精简、独到："薄伽丘的一生看似世俗平凡，但他却成为一座丰碑。作为一介平民，他浸淫市井、深谙其道；作为一名斗士，他不畏教权、痛击丑陋；作为

薄伽丘故居（意大利切尔塔多）

[①] 崔莉.文艺复兴时代文学巨匠及其经典作品[M].北京：中国青年出版社，2015：95.
[②] 崔莉.文艺复兴时代文学巨匠及其经典作品[M].北京：中国青年出版社，2015：96.

一位潮人，他个性叛逆、敢为人先；作为非正统学者，他一生笔耕不辍，终将犀利的洞见、眼中的现实、未了的情感和难以企及的愿景，凝聚和流淌在文字中，最终其代表作——现实主义小说《十日谈》，矗立于文艺复兴时期文学的巅峰。"①

无望之爱

1313年6月16日，乔万尼·薄伽丘出生于切尔塔多。他的父亲薄伽丘·德·凯利诺是佛罗伦萨商人；母亲是法国人，在薄伽丘很小的时候去就世了。薄伽丘在缺乏母爱的环境中度过了暗淡的童年时光。这一不幸的遭遇，让他变得细腻而敏感，他平时少与人交谈，更愿沉浸在书中，寻找自己的灵魂寄托。薄伽丘天生好学，对诗歌、小说非常着迷，幸好他的父亲十分重视教育，才没有埋没薄伽丘的文学才能。

1326年，薄伽丘一家搬到了那不勒斯。13岁的薄伽丘应父亲的要求学习经商，后因对从商不感兴趣而改学法律。1336年，薄伽丘在那不勒斯遇见了自己的挚爱玛利亚，两人迅速坠入爱河。然而不久，玛利亚因薄伽丘不能给她带来所谓的名望而离开了他，噬心的痛苦让薄伽丘将自己的精力转向了文学创作，失败的爱情成就了他的第一部作品《菲洛柯洛》。在那不勒斯，

古城城门

---

① 崔莉.文艺复兴时代文学巨匠及其经典作品[M].北京：中国青年出版社，2015：88.

薄伽丘由少年成长为青年，也逐渐由青涩走向成熟。

薄伽丘早期的作品以爱情为主题，通过民间传说来构思爱情故事，结局或凄美，或圆满。在这些爱情故事中，我们可以感受到薄伽丘对爱情的向往，以及因爱而伤的悲痛之情。薄伽丘早期的作品偏于感性而缺乏理性，爱情故事虽然有一定的故事情节，但都很简单。不可否认，薄伽丘有着深厚的文学底蕴，对生活细致入微的观察使薄伽丘能把人物刻画得惟妙惟肖，将人物在面对爱情与亲情之时的内心矛盾描写得生动曲折。薄伽丘逐渐形成了以爱情为主题的写作体系。

薄伽丘以爱情为主题的作品有：长篇小说《菲洛柯洛》《菲娅美达小姐的悲歌》，叙事诗《爱情十三问》《爱的摧残》(又名《菲洛斯特拉托》)《苔塞伊达》《菲埃索拉的女神》等。其中《爱情十三问》的开头写道："我不教授爱情，不讲爱的教益，亦不开治疗爱疾的灵丹妙剂；我讲述爱情带来的烦恼、爱情的欢乐与雷霆风暴；讲述最能表明爱情的做法，及无论优劣、何种选择最佳；做一番比较，革除陋弊，找出真正的佳良之举；读者会从中将快乐找到，去满足他们向善的头脑。"①作品表达了青年人爱情中的困顿，探讨的爱情问题具有启蒙意味，引起人们对于书中善与恶、金钱与爱情等价值观、爱情观的思索，短小的篇幅中蕴藏了丰厚的意蕴。《爱情十三问》的第七问中这样写道："在三重的高天上，是那亲切神圣的女王，我对她爱慕无比，她迷住了我的目光。"②作品中的女王隐喻的正是他的爱人玛利亚，薄伽丘对玛利亚的爱如熊熊火焰，他没有后悔爱上玛利亚，只为错过她而惋惜。对于她的抛弃，他没有怨恨，而是在悲痛中仍然抱有对爱情的期待。

薄伽丘博览群书，喜欢古典诗歌韵律，人文主义思想在他的心中逐渐生根发芽。《爱情十三问》探讨的是爱情观，但这部作品与《十日谈》

---

① 薄伽丘.爱情十三问·爱的摧残[M].肖聿，译.南京：译林出版社，2012：2.
② 薄伽丘.爱情十三问·爱的摧残[M].肖聿，译.南京：译林出版社，2012：82.

的文章结构有异曲同工之妙，同样是几个青年男女遇见灾祸后到了人迹罕至的古城，大家商讨后选出女王，然后轮流提出疑难问题，最后作答。而且薄伽丘描绘的是普通人的爱情故事，已经不再是古希腊神话中的众神之爱，他在作品中重视对现实人间的苦乐哀愁的描绘，推崇人真善美的优良品性。由此可见，薄伽丘早期的作品已经显示出了人文主义的光辉，为以后创作现实主义作品奠定了基础。

文学巨匠

　　1340年，薄伽丘父亲经商不顺，不断恶化的家庭经济状况迫使薄伽丘回到佛罗伦萨。1348年，瘟疫弥漫了整个佛罗伦萨，成百上千具尸体遍布各处，人们陷入深深的恐慌之中。底层人民更是生活在水深火热中，生活的绝望、死亡的压抑使人变得麻木，也暴露出人性的弱点。瘟疫造成的惨状在《十日谈》中有这样的描述："乡间分散的小村子里，穷苦的农民和他们的家属缺医少药，更没有佣人照顾，日日夜夜都有人像牲口那样死在家里、路上和田野。"[①]瘟疫如囚笼般困住活着的人，让人无处可逃，人们幻想寻求与世隔绝的安逸生活。所以，尊重自我意愿、追寻现世幸福，一时间成为主流思想，在佛罗伦萨乃至整个欧洲流传开来。政府、教会的腐败让薄伽丘愤怒，自然灾害的爆发让薄伽丘无奈，在灾难面前人类的渺小与无助、无望的生活、压抑的社会环境使薄伽丘内心深处的诉求如一轮喷薄欲出的朝阳，难以压制。最终，薄伽丘不再关注爱情这一话题，转而关心生命与人性，并伏案沉思，想要重新定义人生的意义、人类的价值。

　　人到中年的薄伽丘迎来了自己的创作巅峰。作为商人的私生子，薄伽丘既不是贵族也不是平民，这样的境遇使他既可以看透贵族的奢靡，

[①] 薄伽丘.十日谈[M].王永年，译.北京：中国书籍出版社，2005：8.

故居小院

同时也可体会到平民的不易。这为他以人为本的创作理念奠定了基础。经历现实的洗礼后,他将视野转向现实生活,在细致的观察中捕捉人性的善恶美丑,展现意大利平民生活的市井百态,历时五年,终于完成了现实主义著作《十日谈》。作品以细腻的笔触将现实的虚假与丑恶展现在读者面前,人们在感慨世事无常之时,也被薄伽丘文中的正义观折服。此外,《十日谈》展现出了薄伽丘的人文主义思想。创作主题方面,如学者崔莉所言:"全书按照内容大抵可以分为三大主题,即揭露抨击教会与官吏的丑陋与虚伪,展现意大利市井社会人间百态,描绘男女爱情的各色故事以及智慧的女性。"[①] 无论是薄伽丘的代表作《十日谈》,还是他后期的作品《西方名女》,都彰显了人文主义的价值取向。他赞美爱情,重视现世,在追求爱情的自由和权利方面倡导男女平等,控诉爱情悲剧中传统礼教的束缚,揭露神父虚伪淫荡的面目。他肯定了人的主体地位,为人性解放做出了巨大的贡献。《十日谈》出版后引起人们极

---

① 崔莉.文艺复兴时代文学巨匠及其经典作品[M].北京:中国青年出版社,2015:105.

大地关注，一时间薄伽丘名声大噪。在引发民众广泛共鸣的同时，薄伽丘也受到了来自教会的人身威胁。

《十日谈》以其独特的结构，丰富的人性内涵，重现世反来世的现实主义笔调，成为薄伽丘的代表作。在《十日谈》中，无论是装腔作势的修士，还是贪爱钱财的监狱看守，都反映了当时教会、官吏毫无底线的恶劣行径以及道德的沦丧，反映出社会的不公，薄伽丘在文中发出呐喊："命运往往把酒囊饭袋捧到很高的地位，而大有作为的人却给埋没。"① 庸俗与偏见占据社会的主流，这是人民的悲痛，更是社会的悲哀。薄伽丘在抨击教会与官吏的奸诈与虚伪的同时，也对众生"哀其不幸，怒其不争"，更是对人们摆脱宗教的束缚，追寻自我完整性的行为给予倡导和鼓励。

《十日谈》描写了大量的爱情故事，肯定了人的正常欲求，反对压抑人性，主张爱情面前男女平等，为女性的独立开辟道路。如同文中所言：

故居展室

---

① 薄伽丘.十日谈[M].王永年，译.北京：中国书籍出版社，2005：226.

"自然规律中最不容违背的是爱情,爱情只能听其自行减退,不会因外来干涉而消失。"①可见薄伽丘认为爱情是至高无上的,个人的欲求就像自然规律那样应该顺应而不应违背。在《十日谈》中,爱情甚至超越了世俗伦理,男人爱上情妇、已婚妇女爱上青年,这些伦理道德所不齿的感情,却在薄伽丘的作品中得以合理存在,这打破了伦理规范,对封建社会死板僵化的制度构成了挑战。

《十日谈》蔑视权威,企图以人文主义思想为武器来挣脱中世纪神权的禁锢,以此重新定义人的价值、正视人的自然欲求。作品通过展现突破伦理界限的爱情,表达作者坚定不移的与中世纪宗教神权决裂的态度。除此之外,薄伽丘作品中的女性还一反中世纪女性地位低下、失语的常态,如普尔奇夫人敏捷的回答使轻薄的佛罗伦萨主教哑口无言,显示了女性的机智与聪颖。在薄伽丘看来,女性不是逆来顺受被男人戏弄的玩偶,她们独立、慷慨又充满魅力。值得一提的是,在《十日谈》中,薄伽丘抨击封建神权、主张解放人性的同时,也表达了对解放人性后人们过度放纵后果的担忧。他认为,人性的解放要符合规范,沉溺于肉体的欢愉而忘却了生命与灵魂的人,很有可能会失去原有的幸福。

《十日谈》问世后风靡文坛,说明薄伽丘以人为本的思想深得人心,也说明爱情是不可被压抑的。在中世纪森严的宗教神权统治下,人们自由表达爱意与追求爱情的权利被剥夺了,没有灵魂的人把心愿寄托于上帝,抛弃现世,在虚无缥缈中追求彼岸的幸福,虚假的表象笼罩着整个社会。《十日谈》则是幽暗之所的一盏明灯,它照亮了黑暗,唤醒了沉睡的人们,指引他们去追寻人文主义的光芒,注重个体内心的诉求;它亦如冲锋的号角,吹响了反封建、反神权、反教会战役的号角。

---

① 薄伽丘.十日谈[M].王永年,译.北京:中国书籍出版社,2005:258.

晚年坚守

1350年，薄伽丘结识了诗人彼特拉克，彼特拉克对薄伽丘产生了很深的影响，让薄伽丘更加坚定了人文主义的价值取向。《十日谈》出版后，薄伽丘身陷舆论的旋涡，社会舆论的压力、教会的迫害使薄伽丘终日郁郁寡欢，他先是感到压抑，后又转为愤怒，最终爆发——欲毁掉自己的心血之作《十日谈》，幸得彼特拉克的劝阻，才没有让悲剧发生。可以说，是彼特拉克的陪伴与鼓励成就了晚年的薄伽丘。

薄伽丘与彼特拉克有着深厚的友谊，他们志趣相投，共同探讨古典文学作品，交流对人生和现实的态度。在与彼特拉克讨论但丁的文学作品的过程中，薄伽丘对"中世纪最后一位诗人"但丁越发崇拜。通过对但丁文学作品的阅读，薄伽丘对古代人文学科更加感兴趣。晚年时期的薄伽丘潜心研究古典文化，古典文化中的精髓成为他人文思想的核心。1350年到1375年，《但丁传》和《异教诸神谱系》相继诞生，这两部作品是薄伽丘晚年的代表作，体现出薄伽丘饱经沧桑后的内敛与深沉。其中《异教诸神谱系》主要是追溯古希腊、古罗马一直到中世纪古代神话的现实根源，将神话的来源体系化。

《但丁传》是薄伽丘间接性地向世人介绍但丁之作，他对但丁的客观评价，让人们重新认识了但丁以及但丁弘扬人性的时代梦想。在《但丁传》中，薄伽丘以客观的态度，重新看待但丁的一生。在但丁宣扬共和民主、为市民的幸福而战斗时，愚昧的人们却顽固至极，丝毫不为所动，人们对于但丁的贡献视而不见，甚至谩骂诋毁他，这些都让富有正义感的薄伽丘愤怒到了极点。他在书中这样写道："这就是但丁仁慈地管理他的国家所得到的报酬；这就是但丁努力减轻城市冲突后所得到的奖励；这就是但丁把自己所有的爱心投注到国家幸福、和平和维护市民平静生活后所得到的回报。从这里我们可以看到人们的喜好是多么的善变，根本无法信任他们。不久之前，所有的市民还把希望和关爱寄托在

故居内景

但丁身上,认为他是人民的庇护者。忽然之间,在既无公正的理由,又不给但丁解释机会的情况下便匆忙定罪,愤怒地对但丁处以一个不可撤回的流放罪,并且尽其所能地毁坏但丁的名誉。"[1]为了向民众展现真实的但丁,更是为了给但丁正名,薄伽丘静心研究但丁的生平与作品,不仅创作了《但丁传》,还为市民做阐释《神曲》的公共讲座,引导市民重新理解但丁的民主思想,让市民认识到但丁不是贪婪的恶人,而是推动了文艺复兴发展的一位民主、正义的伟大战士。

文艺复兴时期的诗歌大都具有一定的社会功效,诗歌的内容大多惩恶扬善,如但丁在《神曲》中用激昂的文字来呼吁公众推翻封建制,建立一个真善美的共和国度,他富有激情、理性,如同一位刚正不阿的战士,不畏艰险、奋勇向前。对于但丁的诗歌,薄伽丘写道:"但丁的文字甜美惹人喜欢,但是如果我们仔细品尝作品的精髓时,便会发现事实并非如此。有谁比但丁的呐喊更加令人恐惧,在悲苦的小说中,他责备活着

---

[1] 薄伽丘,布鲁尼.但丁传[M].周施廷,译.桂林:广西师范大学出版社,2008:28-29.

的人犯过的错误，惩罚那些已经死去的人，还有谁会这么做吗？当然没有。透过他的刻画，他使善良的人警惕，同时使邪恶的人感到沮丧。因此，就这点来说，我们真的可以说，但丁有一副可怕的嗓音。"①在薄伽丘看来，但丁无声的呐喊比那些失去理性的咆哮更能警醒世人，但丁通过富有悲剧性的《地狱篇》、充满救赎精神与洗涤色彩的《炼狱篇》、弥漫极乐色彩与神圣性的《天堂篇》，引领着人们走向充满真理与真善美的公平世界，由地狱到炼狱再到天堂，经历层层洗礼，最终驱逐黑暗，迎来自由之光。

薄伽丘对但丁生平和作品的介绍是客观公正的，他没有刻意隐藏但丁的缺点，一味赞扬但丁的功绩，他在《但丁传》中写道："我对于揭露但丁的缺点、败坏他的名声感到羞愧。但我所从事的写作工作要求我必须这样做，因为如果我对他那些不值得赞赏的行为一字不提，那人们也将不相信我对但丁的褒奖之词。"②《但丁传》的问世奠定了但丁文艺

故居前的街道

---

① 薄伽丘，布鲁尼.但丁传[M].周施廷，译.桂林：广西师范大学出版社，2008：95.
② 薄伽丘，布鲁尼.但丁传[M].周施廷，译.桂林：广西师范大学出版社，2008：70.

复兴运动先驱的地位，也让但丁成为一位具有划时代意义的诗人，这与薄伽丘所做的努力是密不可分的。

灵魂探索

颠沛流离的生活让薄伽丘疲惫不已，故乡的回忆召唤薄伽丘重回切尔塔多。1375年12月21日，薄伽丘在切尔塔多病逝。薄伽丘去世了，但他带给人们的精神财富没有消失，且流传至今。薄伽丘的思想是一种鼓励人积极向上的行动哲学，充分尊重人的主体自由。如同存在主义的代表人物萨特在剧本《间隔》中借剧中人物之口，喊出"他人就是地狱"以及人们彼此之间"都是刽子手"的口号，薄伽丘也极力倡导人的独立。同时，在解放人性时，薄伽丘还强调人的自由是有责任的，个人要对自己的行为与命运承担责任，过于放纵自己，往往会让人们丢失现世的幸福。无疑，薄伽丘的人文主义思想对于当时的官吏和教会来说是反动的、激进的，《十日谈》这一蕴含着人文主义光辉的书籍更是被教会列为禁书。更过分的是，薄伽丘去世后，他的坟墓竟然被教会掘开！后人痛斥教会的暴行，愤怒于世事的不公。薄伽丘的逝世，意味着那个时代陨落了一颗明亮的智慧之星，让人哀叹惋惜。

薄伽丘曾说过："贫穷不会磨灭一个人高贵的品质，反而是富贵叫人丧失了志气。""富贵"就是上流社会的奢侈糜烂，薄伽丘抨击肉体的享乐、灵魂的堕落、人性的丧失，维护着"高贵的品质"，他为以人为本的人道主义呐喊，这呐喊声响彻切尔塔多，更扩散至整个意大利。志同道合之人闻声响应，共同为以人为本的文明举旗高歌。如今，文艺复兴时期的辉煌已悄然逝去，但薄伽丘的人格魅力、思想精神将会永存。

（撰稿：张雪倩）

参考文献

薄伽丘. 十日谈 [M]. 王永年, 译. 北京: 中国书籍出版社, 2005.

薄伽丘, 布鲁尼. 但丁传 [M]. 周施廷, 译. 桂林: 广西师范大学出版社, 2008.

薄伽丘. 爱情十三问·爱的摧残 [M]. 肖聿, 译. 南京: 译林出版社, 2012.

薄伽丘. 名媛 [M]. 肖聿, 译. 南京: 译林出版社, 2012.

崔莉. 欧洲文艺复兴史 [M]. 北京: 人民出版社, 2010.

崔莉. 文艺复兴时代文学巨匠及其经典作品 [M]. 北京: 中国青年出版社, 2015.

刘辉扬. 但丁——争取意大利民族统一的战士和思想家 [J]. 齐鲁学刊, 1981（4）.

卢梭. 社会契约论 [M]. 徐强, 译. 北京: 九州出版社, 2007.

郑克鲁. 外国文学史 [M]. 北京: 高等教育出版社, 2006.

塞万提斯

　　距离西班牙首都马德里30公里之外的阿尔卡拉小城，是文艺复兴时期西班牙小说家、剧作家、诗人塞万提斯的故乡。这里虽不似首都那般繁华，但是却蕴含着另一番古朴幽静之美。漫步在这座小城中，你会不时发现大量残存的文明古迹，那些保存完好的民居、教堂、修道院和古城墙都彰显着此地的悠久历史。文艺复兴时期著名作家塞万提斯，无疑是这个城市最有代表性的人物之一。他被誉为西班牙文学史上最伟大的作家，其小说《堂吉诃德》是文学史上第一部现代小说，是世界文学的瑰宝。他一生颠沛流离，时乖命蹇，死后连墓碑都没有。然而在他逝世之后，世界各地的读者、游客们却都选择到这座塞万提斯生命开始的小城来纪念他。

　　小城内道路两侧的房屋多建于文艺复兴时期。斑驳的大理石纹路、变形的木梁让行走在这条路上的游客仿佛在游历16世纪的欧洲小镇。从城中心的广场顺着小路向西，来到一座二层红色小楼面前，便来到了塞万提斯的故居。塞万提斯在这里出生并度过了四年无忧无虑的时光。故居门口有两个特殊的"守门人"，引得前来游览的游客纷纷拍照留念,那就是塞万提斯创作的两个屹立于世界文坛中的鲜明人物:堂吉诃德和桑乔·潘沙。不同于马德里塞万提斯广场上气势恢宏的青铜像,这里的两位主人公塑像,面对面静坐在门口的长椅上,就像是在桑乔就职海岛总督前,堂吉诃德语重心长地叮嘱他的场景一般。

当代著名作家迟子建在游历阿尔卡拉时,始终觉得这城市上空,有一顶看不见的王冠。"王冠的底座就是教堂的尖顶,是老旧的烟囱,是白鹳的巢穴,而王冠的顶端,是流浪的白云。在白云深处,塞万提斯穿越时空,成为这顶王冠上最璀璨的宝石。这样的王冠无须加冕,它就属于阿尔卡拉,属于塞万提斯。"①

早熟早慧的诗人

阿尔卡拉的圣玛利亚·德·马约尔教堂的受洗登记簿上清楚地记录了米格尔·德·塞万提斯·萨阿维德拉的降生日期:1547年9月29日。塞万提斯的祖父是一位德高望重的政府官员。塞万提斯出生前一个世纪,其父系家族在安达卢西亚相当富有且享有盛誉。据国王胡安二世的编年史官胡安·德·梅纳推测,塞万提斯的祖先来自伊比利亚半岛西北部偏远的加利西亚,由哥特王室和莱昂王室联姻繁衍而来。

塞万提斯尊贵的家族在他父亲罗德里戈·德·塞万提斯这一代逐渐走向衰落。塞万提斯的父亲罗德里戈没有上过大学,也没有什么才华,是一名外科医生,要知道,那时医生社会地位并不高,和手工艺人地位差不多。

塞万提斯一共兄弟七人,他排行第二。由于父亲工作的原因,塞万提斯的童年在不断的搬家、迁徙中度过。小小的塞万提斯曾跟随父母的

---

① 王剑冰. 2017年中国精短美文精选. 武汉:长江文艺出版社,2018:10.

塞万提斯故居（西班牙阿尔卡拉）

脚步先后去过巴利亚多利德、科尔多瓦、塞维利亚、马德里等地。这些经历在日后都被塞万提斯写进了自己的小说里。

科尔多瓦从711年至1236年都处于摩尔人的统治之下，以其文化和学术成就赢得了"西方雅典"的称号。塞万提斯在这里开始了他早期的学校生活。他先是在阿隆索瓦·德·维埃拉的学校里读了两年书，然后又转到了耶稣会新办的学校里去上了两期法语班。从塞万提斯的文学造诣来看，他在科尔多瓦的文学启蒙是成功的。多年以后，在《西皮翁与贝尔甘萨对话录》中，塞万提斯对儿时学校里的教士和老师表达了自己的感激之情。他深情地说道："那些该得好报的教士和老师教育孩子们，把他们尚未定型的性格引上正道，对（他们）责备时轻声细语，惩罚时心慈手软，常以榜样来鼓舞，用奖赏来激励……"[①]

那时，科尔多瓦街头常有木偶剧团的演出活动，这给童年的塞万提斯留下了深刻的印象。法国人塞巴斯蒂安·德·哈依及其伙伴奥古斯

---

① 特拉彼略.塞万提斯传[M].崔维本，译.石家庄：河北教育出版社，2009：16.

丁·巴伦西亚诺演出的木偶剧《旧约部分新约故事》是塞万提斯看到的第一部木偶戏。戏剧表演中那抑扬顿挫的韵律、剑拔弩张的情节、柔情似水的低吟浅诉都印在塞万提斯的脑海中。后来他的作品中有关木偶戏的桥段，如彼德罗大师的木偶戏班和《奇迹戏的演出》等，都和他看过的木偶戏有关。

塞万提斯一家于1564年10月来到塞维利亚。塞维利亚是当时世界上最繁华的城市之一。往返于欧洲和美洲的船只，都要经过塞维利亚，这是皇家法令授予这座位于瓜达尔基维尔河上城市的特权，时人称其为"通往西太平洋的门户"。在街头闲逛的塞万提斯经常目睹装满黄金、白银、珍珠宝石的大型帆船离开港口前往墨西哥或者秘鲁，形形色色的人物在街角穿行。上至财大气粗的钱庄老板和银行家，下至流氓、小偷、赌徒、地下赌场的庄家，都被塞万提斯写进书中。在《英国的西班牙女人》中，可以看到有关这些详细的记载和描述。

两年后的秋天，塞万提斯举家搬到了已经是王城的马德里。马德里的贫富差距十分巨大，一条短短的、阴暗的、弯弯曲曲的街上，同时可以见到破烂的茅屋、庄严的修道院和金碧辉煌的王宫。在这里，他遇到

故居庭院

了一位良师——圣安德烈斯郊区的副牧师，著名的人文主义者胡安·洛佩斯·德·奥约斯。正是在这位老师的引导下，塞万提斯走上了文学创作的道路。

奥约斯编纂的其中一部著作收录了塞万提斯的处女作——四首纪念王后突然仙逝的诗歌。虽然这四首诗歌的艺术水平一般，但是它们意味着塞万提斯正在逐步靠近上流社会，也象征着塞万提斯的早期教育结出了硕果，他在当时的文坛被当作一个早熟早慧的诗人为人们所谈论。

这一年，塞万提斯年仅十九岁。他不知道的是，马德里这座王城将见证他的无上荣光，也将承载他的困境与失望。

"勒班陀的独臂人"

十六世纪、十七世纪被称为西班牙的黄金时代，当时的年轻人走向成功有三种捷径：一是加入教会，二是海上经商，三是进王宫服侍国王。1570年，土耳其人以一支由5万人和300多条大船组成的奥斯曼舰队，对塞浦路斯岛发起了攻击。惊慌失措的威尼斯人连忙向教会求救。在教皇庇护五世的主导下，由威尼斯和西班牙以及教皇国三国组成了反奥斯曼帝国的神圣同盟，决意反击土耳其人。正有心报效国家的塞万提斯在此时应召入伍。

塞万提斯从他入伍的那不勒斯出发，跟随自己的军队走遍了意大利的许多城镇，找寻隐匿的奥斯曼舰队。经过多日的艰苦追寻，他们终于在10月7日发现了躲在勒班陀海峡的奥斯曼舰队。那天天刚蒙蒙亮，一丝霞光从浅蓝的雾影中穿过，洒在航行在地中海里的密密麻麻的舰船上。本来这一天，身患疟疾的塞万提斯被船长乌尔比纳安排待在甲板底下，以躲避敌人炮火的直接威胁。可是塞万提斯怎么可能因为肠胃的不适就放弃这个上阵杀敌的机会？在碧海波涛中航行了这么久不就是为了此刻的荣光吗？在塞万提斯的强烈要求下，他被指派率领12名士兵在"侯爵夫人号"帆船上作战。在大型的海战中，这种力图用铁锚勾住敌舰并发动攻击的帆船往往处于劣势。由于没有突击舰的保护，军队最前端的帆船特别容易遭受敌军攻击，而身在"侯爵夫人号"帆船上的塞万提斯无疑冒着巨大的危险。

战斗开始后，塞万提斯的船只和敌方的船只激烈地碰撞在一起，双方的士兵开始了近距离的搏斗。子弹从耳边掠过，塞万提斯此刻早已忘却了不适，轰鸣的炮声和呐喊声充斥在耳边，激荡了他那颗英勇豪迈的心。船上很多士兵要么被子弹打死，要么被火苗吞噬，接连掉入海中。

经过4个小时的激战，战斗终于结束了，奥斯曼帝国舰队惨败，塞万提斯所在的神圣同盟联军取得了胜利。尽管后世有关这场战役的文献汗牛充栋，伤亡人数却没有达成共识，但不管怎样，这必定是一个背负着无数孽债的、巨大的数字。奥斯曼帝国的110艘大船被击毁或击沉，130艘被俘获，3万将士伤亡。联合舰队的伤亡将士约为12000人。帕特拉斯湾的海水被鲜血染成了红色，无数士兵的尸体在海水中漂流沉浮。塞万提斯所在的"侯爵夫人号"上有包括船长在内的40人牺牲，伤亡总人数达到120人。塞万提斯中了3枪，虽然没有生命危险，但其中一枪深深地伤及胸膛，而且因为这场战斗，他的左臂也残废了。

塞万提斯视这场战役为自己一生中最荣光的时刻，经常提到它、回忆它。他专门创作了剧本《海战》来记录西班牙将领们是怎样找到土耳其舰队并作战的，在《俘虏的故事》中也细致地描绘了与之相关的一系列战斗。因为作战勇猛，塞万提斯被誉为"勒班陀的独臂人"。后来在谈到自己萎缩干枯的左臂时，他是这样说的："我（指塞万提斯自己）认为它很美，因为这是我在战神之子、令人永远崇敬的卡洛斯五世的战无不胜的旗帜下效力时，在一次史无前例、无后可比的值得纪念的崇高机遇中获得的。"①

---

① 参见特拉彼略.塞万提斯传[M].崔维本，译.石家庄：河北教育出版社，2009：51.

故居石井

战争结束后,因为枪伤,塞万提斯在墨西拿部队医院疗养了六个月,虽然每天在这种老式医院里的日子很压抑,但是国家每个月给的补助可以让塞万提斯在这里衣食无忧地生活着。年轻勇猛的塞万提斯赢得了奥地利军官堂·约翰的钦佩,这位将领为塞万提斯写了一封推荐信。但没想到的是,在之后的岁月里,这封满溢着荣耀和钦慕的推荐信却带给了塞万提斯漫长的苦难。

从墨西拿出院后,塞万提斯回到了部队,跟随舰队在地中海游弋了将近两年的时间。这期间,塞万提斯曾回到那不勒斯度过了一年的时光,在此,他邂逅了此生初恋——当地一位名叫西莱娜的姑娘。这座美丽的城市乃至整个意大利成为塞万提斯的一座记忆宝库,被他多次地描摹、记述。塞万提斯在《玻璃硕士》中曾经对那不勒斯发出过这样的赞叹:"所有到过那不勒斯的人,都觉得它不仅是全欧洲,甚至是全世界最出色的城市。"[1]

然而,那不勒斯的异域风情和西莱娜的浓情蜜意仍然无法抚平塞万提斯心中对未来的焦虑。勒班陀海战在使塞万提斯成为一位英雄的同时,也成为一名伤残者,他深知自己无法再如以往那样在战场上一展雄姿,也明白自己受提拔的希望十分渺茫,他决定打道回府。塞万提斯在弟弟罗德里戈陪同下于1575年9月乘"太阳号"客船离开意大利,朝着阔别多年的故土归去。

---

[1] 特拉彼略.塞万提斯传[M].崔维本,译.石家庄:河北教育出版社,2009:57.

塞万提斯期盼着走出职业军人的生涯，美美地休整一段时光，再凭借堂·约翰为他亲笔写就的推荐信谋个差事。可是"太阳号"没能载着两兄弟回到温暖的西班牙，而是驶进了另一段波诡云谲、暴风骤雨的旅程。

阿尔及尔的囚徒

载着塞万提斯和罗德里戈的"太阳号"客船遭遇了两次风暴，在大海中迷失了方向，失去了和其他船只的联系。正当船队想方设法试图回到巴塞罗那港口时，海上突然出现了竖有绿色旗帜的舰队，那是西班牙不共戴天的仇人——来自阿尔及尔的海盗船只。

虽然土耳其在刚刚结束的勒班陀海战中战败了，但是地中海南部海岸大部分仍处在土耳其的统治之下。作为帝国在西地中海的前哨，阿尔及尔这个有着得天独厚地理优势的防御型城市成了野蛮的海盗们的藏身处。整个十六世纪，西班牙的海岸地区和船队几乎都会成为海盗和海盗船的袭击目标，而打劫的海盗大多数来自阿尔及尔。

两兄弟乘坐的客船，受到这艘急速靠近的海盗船的猛烈攻击。没有防卫舰的保护，"太阳号"几乎没有任何抵抗能力。很快，塞万提斯和罗德里戈回家的美梦就破灭了，他们沦为海盗的俘虏，被运送到充斥着贪婪和暴力的阿尔及尔。

我们可以在塞万提斯后来创作的话剧《阿尔及尔的交易》中窥见他被押进港口时的心情：

　　冥顽之邦海盗猖獗，

故居楼梯

其数难记臭名远扬，

惨遭俘虏沦落至此，

每每想起泪自成行。

此时的阿尔及尔是一个正在迅猛发展的港口城市，比巴勒莫和罗马都要大，混杂着多种语言、习俗和传统。不同于塞多利亚和那不勒斯通过贸易往来所取得的迅猛发展，阿尔及尔热衷的是一桩利润丰厚却无耻的勾当：把海上的旅客和沿海地区的居民抓来给他们当奴隶。

在奴隶买卖集市上，一般出价两百到三百埃斯库多就可以买回一个中意的仆人。而塞万提斯因为携带着堂·约翰的推荐信，被误认为是一个大有来头的贵族，他的赎金一度高达五千埃斯库多。两兄弟的赎金对本来就不富裕的家庭来说无疑是一个天文数字，塞万提斯也意识到这点，所以他除了自己寻找获得自由的方法之外别无选择。

塞万提斯后来曾在《阿尔及尔的交易》《伟大的土耳其王后》《囚禁在阿尔及尔》和《堂吉诃德》中一定程度上描绘了自己在牢狱中的所见所闻。透过那些文字，我们试着想象他被囚禁的生活：衣衫褴褛的塞万提斯被戴上一条项链，以表示正在等待赎金。他和那些拥有绅士和贵族身份的俘虏们一同被关在阴暗潮湿的牢房中，每天过着饥肠辘辘、衣不蔽体的生活。而令塞万提斯最难以忍受的，是他时时刻刻都要看着被施以各种闻所未闻、见所未见暴行的同伴们的惨状。

事实上，塞万提斯在阿尔及尔的生活相较于大部分奴隶来说轻松得多。因为他被误以为身份尊贵，且手部有伤残，所以不能到海盗船上去划桨，只能被分配去干点家务或送送信。也就是说，塞万提斯拥有一定范围的自由，可以在阿尔及尔城中走动。这座道路纵横交错、房屋层层叠叠稠密如迷宫般的城市后来也不止一次地出现在他的作品中。

虽然受到了优待，但是头几个月的牢狱生活还是令塞万提斯痛苦万分。1576年1月，他开始策划第一次越狱。在某个寒冬的暗夜中，塞万提斯和其余的八个奴隶，在一名向导的带领下朝着西班牙的边境城市——奥兰进发。他们选择了徒步行进320公里、长达14天的逃亡之旅。

在艰难地行进了几天后,向导抛弃了他们,万般无奈之下,他们只得又回到了敌人身边。作为领导者和策划者的塞万提斯受到了加倍的棍棒惩罚。这一次失败的越狱非但没有消磨掉塞万提斯的信心,相反,那想要回归故土的心越发躁动。一年后,三位一体教团的教士带着老罗德里戈绞尽脑汁筹来的赎金来解救两兄弟,但是为数不多的金额只够救走弟弟。临走之前塞万提斯将自己拟定的新的越狱计划告诉了父亲:请父亲雇一个大胆的西班牙水手,驾驶轻便的帆船,来柏柏尔海岸救自己。

在老罗德里戈启航的同时,塞万提斯抓住了一次机会,与14名俘虏一起乔装打扮逃了出来,并藏在市长阿尔卡德·帕夏的花园深处,等待着弟弟前来营救自己。而这一藏竟长达五个多月。尽管俘虏们小心翼翼,努力克服巨大的困难,但还是被一位绰号叫"黄金国"的改宗者告密。时任阿尔及尔首相的哈桑·帕夏立马下令逮捕所有越狱者,将他们重新投入大牢。

被捕的塞万提斯被押到哈桑·帕夏面前。在这位被称作阿尔及尔最残暴统治者的面前,塞万提斯主动承担起越狱的所有罪责。塞万提斯不是不知道这位首相对待叛逃者的残忍伎俩——割掉鼻子或者耳朵,或绑在马尾上在十字路上拖行,或钉在尖桩上被活埋等,但是他仍旧揽下所有罪名。哈桑·帕夏俯视着这位衣衫褴褛、左臂干瘪、面色坚毅的奴隶,眼底闪过一丝钦佩之情。最后塞万提斯和他的伙伴都免于受罚,这种集体赦免的宽大处理在首相那里几乎是史无前例的。在这之后,塞万提斯被投入了高墙大院,承受着为期五个月、身戴枷锁的最严酷的监狱生活。

接下来的两年中,塞万提斯又策划了两次出逃,但是很遗憾都没能成功。计划泄露后被捕,塞万提斯又一并包揽下所有罪责,这让塞万提斯在阿尔及尔赢得了普遍的认可和尊敬,甚至连被称为"整个人类的杀人犯"的哈桑·帕夏也不得不承认塞万提斯在被囚禁期间表现出的美德。

同时,塞万提斯的家人也在马德里想方设法为他筹集赎金。为了救出塞万提斯,他的母亲拿出了两个女儿的嫁妆,以致被人催账讨债,最后不得不四处行乞,才筹集了三百金币。经过艰难的讨价还价,凭借这笔钱，两个三位一体教会的神父终于把塞万提斯赎了出来。

1580年的深秋，塞万提斯又见到了故乡的海岸。此时的塞万提斯已经33岁了，他记得，离开马德里时自己还是个意气风发、雄心勃勃的少年，但经年的军队生活和为奴经历让自己磨练了心性，并脱胎换骨。这个历尽风雨的青年人站在甲板上，回忆着自己的梦想和苦难。

此时距塞万提斯离开故都，已经整整十二年了。

现代小说之父

在所有的欧洲文学作品中，这样把严肃和可笑，悲剧性和戏剧性，生活中的琐屑与庸俗和伟大的美丽的东西交融在一起的例子……仅见于塞万提斯的《堂吉诃德》。

——别林斯基

塞万提斯之所以被大家熟知，不是因为在勒班陀海战中的英勇表现，也不是在阿尔及尔悲壮的越狱经历，而是因为他创作了这部举世闻名的著作：《堂吉诃德》。2002年，在瑞典文学院、诺贝尔基金会和瑞典图书俱乐部联合举办的一次民意测验中，54个国家和地区的100位作家投票选举"人类最佳文学作品"，《堂吉诃德》名列第一，其得票率超过50%，将普鲁斯特、莎士比亚、荷马、托尔斯泰、陀思妥耶夫斯基、卡夫卡、福克纳以及加西亚·马尔克斯等作家的作品远远甩在了后面。即便是在二十世纪，塞万提斯和《堂吉诃德》依旧有着深远的影响。这是400年前，贫困窘迫、以写作

《堂吉诃德》第一版的封面

补贴家用的塞万提斯没有预料到的。

故居正门

让我们将时光倒回至十六世纪。结束了俘虏生活回到西班牙的塞万提斯没能凭借堂·约翰给的推荐信在政府谋到一官半职，只能靠写喜剧糊口。在塞万提斯37岁时，他遇到了一位不满20岁的姑娘——卡塔琳娜·德·萨拉萨尔。或许是因为迫切希望感受家庭的温暖，或许是因为女方的嫁妆丰厚，塞万提斯不可救药地坠入了爱河，在短暂的两个月恋爱之后，塞万提斯和卡塔琳娜结婚了。

在这之后，塞万提斯被任命为粮油征收特派员、征税特派员，开始了将近20年的奔波。1598年，被许多人视为"上帝在尘世的化身"的菲利佩二世去世了，国家的局势发生了巨大的变化。这是一个正在衰落的西班牙：国库亏空，政府狂征暴敛，瘟疫肆虐，贪污成风。虽然美其名曰国家特派员，但塞万提斯更像个廉价的劳动力。国家拖欠他微薄的薪金，塞万提斯还要自己垫付四处收粮、征税的差旅费。在西班牙文学史上找不到第二个作家像塞万提斯一样走过这么多的路程，到过那么多的村镇，在许多夜晚风餐露宿。

1596年初，塞万提斯发表了几首为朋友的作品写的卷前诗，而后就在文坛上销声匿迹将近十年。"多少年后，在《喜剧八种》的前言中，塞万提斯非常优雅地谈到了他长时间的沉默：'我有其他事情要做。'在整个文学史上找不出比这更有贵族气派的话了。"①因为征税的账目不清，塞万提斯在第二年被送进监狱。如果说19年前在阿尔及尔被海盗掳走是造化弄人，那这次在塞维利亚入狱则使塞万提斯彻底伤透了心。自己兢兢业业地奔波劳累，入不敷出，到头来却遭受了牢狱之灾。这次，塞万提斯被关了将近一年的时间。

出狱之后，贫困潦倒的塞万提斯别无他法，开始潜心创作来补贴家用。塞万提斯举家搬到了巴利亚多利德的一栋拥挤的小楼里。这栋贫民区的两层小楼居住着包括塞万提斯和他的家人及朋友等将近20口人。塞万提斯蜗居在这栋小楼中，听着附近屠宰场工人的叫骂声和酒馆嘈杂的嬉笑声，完成了这部包罗万象的《堂吉诃德》。

1605年，《堂吉诃德》出版，引起了轰动，塞万提斯的名字家喻户晓。短短几个月，《堂吉诃德》从众多流行书籍中脱颖而出，成为当时最受欢迎的一部书。堂吉诃德和桑乔的名字被人们挂在嘴边，只要有人与他们的行为相仿，就会被冠上这样的绰号。《堂吉诃德》的第一版甚至传到了墨西哥和秘鲁。与声名同来的还有麻烦。有些书商发现了《堂吉诃德》蕴含的巨大商机，在没有取得塞万提斯首肯的情况下纷纷发售起了盗版书，更有甚者竟伪造了《堂吉诃德》的第二部。

1614年，一部作者署名为阿维利亚内达的《奇思异想的绅士堂吉诃德·德·拉曼却》出版了。书的内容记叙了堂吉诃德第三次出游时发生的冒险故事。不可否认，作为盗版书，阿维利亚内达写得还算妙趣横生，但是和塞万提斯相比仍逊色许多。特别是阿维利亚内达在序言里还猛烈地攻击塞万提斯，认为他是一个容易满足、喜欢议论的老人，并取笑塞万提斯受过伤的左臂。

可以说，正因为阿维利亚内达创作的"冒牌货"和他对塞万提斯的中伤，才促使塞万提斯从繁杂的琐事中抽出精力，快马加鞭地完成了货

---

① 特拉彼略.塞万提斯传[M].崔维本，译.石家庄：河北教育出版社，2009：111.

真价实的《堂吉诃德》第二部。

《堂吉诃德》是一部得到诸多赞誉，也引起众多争论和研究的小说。它影响深远，后世有许多人对这部小说从社会、伦理、哲学等各个角度进行解读，并且堂吉诃德和桑乔也成了文学殿堂中两个标志性的人物形象。当然，必须指出的是，在当时大家都仅仅认为这部小说是滑稽的笑料而已，并没有对其文学价值有过高的评价。同时期的西班牙文坛也不看好这本著作，认为《堂吉诃德》仅仅是一部逗乐的低俗的小说，毫无文学价值。

虽然饱受非议，几经周折，《堂吉诃德》的光芒仍难掩盖。塞万提斯通过这本书既讽刺了当时兴盛的骑士小说，又忠实地反映了现实生活。小说中既有普通民众苦不堪言、悲惨至极的处境，又有封建地主和豪门贵族们穷奢极欲、花天酒地的生活。堂吉诃德可笑又可爱，滑稽又崇高，通过这一人物，塞万提斯深刻地揭示了理想和现实的矛盾。

虽然在《堂吉诃德》出版之后，塞万提斯又陆陆续续出版了几部小说，但是年近七旬的他依旧生活拮据。为了《堂吉诃德》第二部的写作和出版，塞万提斯费尽心血，再加上旧伤，年迈的他身体日渐孱弱。

不堪糖尿病的折磨，塞万提斯于1616年的一个春日在马德里的家中溘然长逝。家人为他穿上粗糙的棕色宗教礼服，脸上不加一点修饰，由修士抬往没有任何标识的墓地。同年同月，莎士比亚也在英国去世。世间接连痛失了两个才华横溢的英杰，天堂一时间接受了一双虔诚真挚的灵魂。这两位文学巨匠仿佛有约，看透了世间的人情冷暖，一同去往天堂享受悠闲自在的生活了，虽然他们在人世间的境遇恰好相反：一个命途多舛，枉费了贵族姓氏；另一个春风得意，获得了尊贵的封号。

结语

实际上，堂吉诃德就是塞万提斯自身。塞万提斯的写作看似不着痕迹，却将自己的滴滴血泪融入其中，甚至从后世流传的自画像上我们都

故居前的铜像

能看到，塞万提斯面容清癯，体态瘦削，像极了故事里的堂吉诃德。

塞万提斯在书中的最后一章写道："昔日我是堂吉诃德·曼却拉，而今我早就言明，我叫老好人阿隆索·吉哈诺。我已经真诚地忏悔过了，希望能得到诸位的认可，一如既往地看重我。"这应该是塞万提斯对于自己心血的最后一点小心翼翼的保护，他在戏谑和真实中度过了一生，也在戏谑和真实中告别了人生。塞万提斯在有生之年没有得到的，却在他身后接踵而至——名誉、声望和真正的欣赏。[①]

在那之后的岁月里，塞万提斯的小说不断再版，广为流传，他的名字被视为国家的骄傲，成为西班牙文学桂冠上最璀璨耀眼的明珠。

（撰稿：薛铭）

---

① 参见麦克罗里.不寻常的男人：塞万提斯的时代和人生[M].王爱松，译.哈尔滨：黑龙江教育出版社，2015：329.

参考文献

陈众议. 塞万提斯学术史研究[M]. 南京：译林出版社，2010.

麦克罗里. 不寻常的男人：塞万提斯的时代和人生[M]. 王爱松，译. 哈尔滨：黑龙江教育出版社，2015.

特拉彼略. 塞万提斯传[M]. 崔维本，译. 石家庄：河北教育出版社，2009.

王剑冰. 2017年中国精短美文精选[M]. 武汉：长江文艺出版社，2018.

朱景东. 塞万提斯评传[M]. 天津：百花文艺出版社，2009.

莎士比亚

埃文河畔的斯特拉特福小镇坐落在伦敦西北部，在威尔士群山的包围下，这里气候温和，绿树成荫，加上地理位置四通八达，历史上一度成为集市的代名词。时过境迁，此起彼伏的叫卖声已不复闻，熙熙攘攘的人流却让不远处的伦敦羡慕不已——诞生于此的莎士比亚仅凭一己之力便让无数游客纷纷到访此地，让古老的小镇焕发出历久弥新的光彩。漫步在埃文河畔，以莎士比亚雕像为中心的雕塑群映入眼帘，陈列在四周的四尊雕塑，分别是低头深思的哈姆莱特、手持王冠的哈尔王子、大腹便便的福斯塔夫和裹着头巾的麦克白夫人，他们代表了莎士比亚在悲剧、喜剧和历史剧上所取得的辉煌成就。作家本人则端坐在中央的立柱上，下颌低垂，一手拿帽，一手持卷，若有所思地打量着芸芸众生。

莎士比亚终其一生，凭借着一管鹅毛笔自立为王，在"果壳大"的舞台之上创造出了"无限宇宙"。他完成了 37 部戏剧，包括历史剧 10 部、喜剧 16 部以及悲剧 11 部，涉及的题材包罗万象：史学家从中遍览社会风貌，野心家看到宫廷权谋，幻想者看到魔法巫术，好战分子看到复仇和战端，商人看到金子，侵略者

莎士比亚故居（英国斯特拉特福）

看到掠夺……他笔下的人物形神各异：延宕不决的丹麦王子、勇多谋寡的摩尔将军、爱财如命的犹太富商、指天咒地的糊涂国王……这些作品构筑的天地是如此宏大，又如此细微，以至于每个人在不经意间都能瞥到自己的影子。莎士比亚始终怀揣着一颗慈悲的心，一边让善恶各归其所，一边展现世人亚努斯①般的两副面孔：弑君自立的麦克白曾扪心自责，杀兄娶嫂的克劳迪斯也曾暗暗忏悔；夏洛克虽令人憎恶，但也让人可怜；普洛斯彼罗的奴隶卡列班野蛮而丑陋，原来却是海岛的正主……人性中正反两面的对立与转化让人揪心，让人痛快，让人恍然大悟，让人拍案叫绝。自出生到娶妻生子，直至在伦敦扬名后终老故乡，莎士比亚只在斯特拉特福小镇度过了20多年时光，但小镇繁盛的百工、喧闹的市井、混迹其中的三教九流为作家提供了伊丽莎白时代的缩影，不绝于耳的名人逸事更是他写作灵感的来源，作家在这里不止学会了阅读、

---

① 亚努斯是罗马人的门神，也是罗马人的保护神。传说中亚努斯有两副面孔，象征着世界上矛盾的万事万物。

思考，还将人生百态尽收眼底。无论是丛林田野还是教堂宫殿，莎士比亚的戏剧世界几乎都可以从小镇中寻得蓝本，令人悲喜的新奇情节同样由莎士比亚过人的天才与小镇厚重的历史底蕴共同孕育。可以说，这片狭小的土地促使莎士比亚开创了广阔的戏剧宇宙。正因此，后世的无数慕名者纷至沓来，瞻仰莎翁的故居与这里的历史遗迹。

莎士比亚没有囿于一方小镇，而是跳出了时空的阻隔，以锦绣文章引领了英国的文艺复兴。当时的英国经过早期资本主义的发展，新的贸易航道已经开辟，科技发展随着海上扩张蒸蒸日上，新兴的商人阶层日益与顽固不化的中世纪欧洲分道扬镳。英格兰人倾覆了西班牙的无敌舰队，民族意识高涨，旧有的经济、政治、宗教秩序统统需要革新。人文主义思想也在这座希望之城迅速崛起。戏剧的发展恰逢其时，成为人们喜闻乐见的反映时代的艺术形式，莎士比亚则擎起戏剧的大旗，当之无愧地成为伊丽莎白时代最伟大的旗手。他牢牢把握住了时代的脉搏：对自我价值的肯定，勃勃进取的雄心，纵横四海的冒险，勇于变革的胆魄……他又超越了时空的局限，将文学的视角无限延伸：复杂多变的人性，天马行空的浪漫，纵横捭阖的磅礴，不可理喻的贪婪和恣意放纵的享乐……每一种特质都在他笔下得到最完美的体现。难怪莎士比亚的同代人、当时的文坛盟主本·琼生有语："莎士比亚可以折服欧罗巴全部的戏文。他不属于一个时代，而属于所有的时代！"这句评语如此的简短，却涵盖了一切赞美。莎士比亚的英名印刻在圣三一教堂的登记簿上，更闪耀在斯特拉特福小镇的夜空中，在那里，每一缕闪耀的星辉都是一行台词，讲述着永恒的莎士比亚。

"暴发户式的乌鸦"

1564 年的 4 月 26 日，星期三，教区执事在圣三一教堂为刚出生三天的小莎士比亚洗礼，并在教区登记簿上用拉丁文写下"威廉，约翰·莎士比亚之子"。儿时的莎士比亚像伊丽莎白时期的其他孩童一样，活泼好动，热衷于各类游戏，阿登森林的花草禽鸟经常让他流连忘返，在大自然中的嬉戏使他获得了敏锐的观察力和机灵的头脑。年岁稍长，莎士比亚进了小学，很快尝到了阅读、写作和算数的乐趣。书中的传说故事、俗语谜语、打趣的笑料等等无一不令他着迷。他对《圣经》的熟悉程度也让人吃惊，过人的记忆力使他日后可以毫不费力地在剧中大段引用幼年时积累的素材。

1571年，7岁的莎士比亚进入当地的一个文法学校就读。莎士比亚在那里学习了6年，掌握了写作的基本技巧，也通晓了拉丁语和希腊语，接触到了古罗马诗歌和戏剧。在此期间，经常有来自伦敦的戏班子到镇上演出，莎士比亚很可能目睹过伦敦顶级剧团的演出，从而与戏剧结下了不解之缘。1577年，由于父亲经营不善，家庭的经济状况愈加困难，莎士比亚没毕业就被迫辍学。在照料了一段时间家里的生意之后，他就开始了自己的谋生之路。他做过肉店学徒，也当过学校的助理老师，如果没有后来做出闯荡伦敦的决定，如果不曾写就那些戏剧，莎士比亚很可能就此默默无闻地在这一方小镇度过一生的平淡时光。

1582年底，18岁的莎士比亚与年长他8岁的安妮·哈瑟维结婚，此时安妮已经怀有莎士比亚的孩子，结婚6个月后，大女儿苏珊娜·莎士比亚诞生。两年后，安妮又为莎士比亚诞下了一对龙凤胎——小儿子哈姆奈特与小女儿朱迪思。在龙凤胎受洗日不久之后，莎士比亚就毅然决然地离开了斯特拉特福小镇，前往伦敦闯荡。

初入伦敦的莎士比亚并非一开始便"声震舞台"。他的第一份正式工作是在剧团，他给人牵过马，当过提词员、催场员、杂务工或者替补演员，但都难登大雅之堂。后来，他开始改编和创作剧本。到了1592年底，莎士比亚已经写出了《亨利六世》三部，在剧院上演后，引起了巨大的轰动。

此时的英国文坛也不是一片荒漠，以约翰·李利为首的"大学才子"们一个个早已在舞台上大显身手。李利是喜剧方面的先驱，他用散文代替诗歌来写喜剧，追求优雅的愉悦和柔和的抒情，据说女王还看过他的剧作演出；克里斯托弗·马洛的风头正劲，他用素体诗代替韵律诗来创作气势宏大的悲剧，激情满溢的代表作《帖木儿大帝》一演再演；马洛的好友托马斯·基德英年早逝，但他的大作《西班牙悲剧》开创了英国复仇悲剧的传统，莎士比亚的第一部悲剧《泰特斯·安德洛尼克斯》很明显是该剧的模仿之作，《哈姆莱特》也深受其影响。除此之外，莎士比亚还从托马斯·诺斯的《普鲁塔克名人传》里汲取素材，把托马斯·洛奇的传奇小说《罗莎琳德》改编成《皆大欢喜》……可以说，莎士比亚不是平地起高楼，而是站在同辈人的肩膀上挥洒文字。这也难怪当他小有名气时，会被格林讥讽为"暴发户式的乌鸦"："……他们之间有一只暴发户式的乌鸦，用我们的羽毛装点自己，'用伶人的皮，包藏起他的虎狼之心'。他以为装腔作势地写几句素体诗，就可以与你们之中的佼佼者媲美，他十足是个打杂的，却自命为举国唯一'声震舞台'的人物。"①早在1587年，格林就有过对莎士比亚委婉的批判，他曾暗讽

故居庭院

---

① Anthony Burgess. Shakespeare[M]. New York: Alfred A. Knopf, Inc., 1970: 108.

道:"那些可恶的家伙……所写或者说所出版的任何东西……都是从民谣中抄来的。"①,纳什紧跟其后,在1589年的小说《曼那风》的序言中暗指某个胸无点墨的乡巴佬不懂拉丁文,而热衷于抄袭奥维德和普鲁塔克。这些含沙射影无疑都指向了那个已经写出《泰特斯·安德洛尼克斯》《驯悍记》《约翰王》和《哈姆莱特》早期版本的莎士比亚。莎士比亚更因《亨利六世》被指责有一颗"虎狼之心",《亨利六世》下篇的前身《约克和兰开斯特两大著名家族之争》和《约克公爵理查的真实悲剧》当时正在全国各地巡回演出,反响热烈。莎士比亚后来根据需要做了修改,补足全篇,记录了亨利五世晏驾,少年英王即位时期英国两大敌对集团触发玫瑰战争的一段历史,这就是著名的《亨利六世》。格林为莎士比亚的后来居上感到不忿,却不料这只是天才初现的些许光芒。

故居侧影

约翰·德莱顿说莎士比亚有一颗能够了解一切人物的"通天之心",歌德也叹服道:"莎士比亚多么丰富和伟大啊!他把人类生活中的一切动机都画出来和说出来了!而且显得多么容易,多么自由!"②假如当时有一位"法官"俯瞰莎剧的整个舞台,他可能会先被观众们的放声大笑吓一大跳,继而被他们的泪眼婆娑弄得摸不着头脑,但把台上台下的荣辱沉浮一一看遍之后,他最终会触摸到莎士比亚洞察万物的灵魂,领悟德莱顿和歌德的惊叹,从而给予这位天才最为公正的明断。

---

① 阿克罗伊德.莎士比亚传[M].覃学岚等,译.北京:北京师范大学出版社,2014:176.
② 爱克曼.歌德谈话录[M].朱光潜,译.北京:中华书局,2013:98.

"世界大舞台"

1599年6月12日是经过占星家精密计算而挑选的最吉祥的日子，也是泰晤士河南岸环球剧院的开张日。这天的首演剧目是莎士比亚的《裘力斯·凯撒》，剧场热火朝天，座无虚席，这时莎士比亚已经跳槽到内务大臣供奉剧团，创作了一大批传世名作。自《亨利六世》一鸣惊人后，这只"暴发户式的乌鸦"一发不可收拾，创作灵感奔涌而出，接连创作出一系列历史剧和喜剧。环球剧院的拉丁文题词"Totus mundus agit histrionem"是莎剧《皆大欢喜》里杰奎斯关于人生七个阶段论述的一句浓缩，意即"世界大舞台"。世界是一个大舞台，然而舞台何尝不是一个世界？在莎士比亚的舞台上，互为世仇的罗密欧与朱丽叶缱绻缠绵，高贵的仙后与出身低微的波顿爱得热烈，不露锋芒的哈尔王子与放浪形骸的福斯塔夫为伍，贪婪成性的夏洛克最终落得人财两空……一幕幕的悲欢离合，一声声的家国忧思，莎士比亚将舞台的空间无限放大，将离奇的构思和想象或加上翔实的史料，或串联成浪漫的传奇，集中展示了伊丽莎白女王时期社会方方面面的勃勃生机和涌动的暗流，也为剧作家这一职业赢得了不朽的声誉。

环球剧院一开张，莎士比亚的大作就接连上演。作家前期的剧作以历史剧和喜剧居多。当时英国刚刚结束无敌舰队的神话，取代西班牙成为新的海上霸主。搭上了女王开创的"黄金时代"的顺风车，主要讲述英格兰的历代王朝和英武君主的历史剧，一经推出便大受欢迎。《亨利六世》塑造了一位伟大的爱国将领约翰·塔尔博特爵士，他英勇善战，击溃了贞德带领的法军，却因为萨默塞特公爵和约克公爵互相猜忌，不肯合力支援而战死沙场。深陷重围之中，塔尔博特毫不畏惧，宁愿浴血捐躯，也不愿临难苟活，他的豪言壮语音犹在耳："我们应当义愤填膺，奋不顾身，转过身来，面对恶狗，用尖锐的武器刺它们，叫它们不敢向前……上帝和圣乔治，塔尔博特和英格兰的权力，在这场危险战斗中助我们旗开得胜!"①《理查三世》紧随其后,宣告了玫瑰战争的终结和都铎王朝的诞生,剧中流露出的反法情绪、对王位继承人的忧虑以及新颖的人物描写手法——相貌畸形的约克公爵理查有幸成为莎士比亚第一个以人物为核心的剧本主角——让观众深深着迷。受多重因素的影响,如历史的文化传承、社会政治中明显与隐含的动荡因素及由此引起的反思和担忧,复仇悲剧在文艺复兴时期的英国达到高峰,多部杰作接连问世。莎士比亚无法搁笔,1601年的秋季,他创作出了《哈姆莱特》这部复仇悲剧,造就了戏剧史上古往今来最不可或缺的一例典范。

《哈姆莱特》的创作绝非偶然。在创作这部悲剧的几年前,莎士比亚重新申请家族纹章,这枚象征地位的纹章以及随之而来的绅士身份本来是要传给幼子哈姆奈特的。无奈未等获颁纹章,幼子已逝,莎士比亚的期望成了泡影。1601年,他又强忍着悲痛,在小镇的教堂里将父亲下葬。守孝期间,莎士比亚的戏剧创作一改之前雄浑、俏皮和离奇的喜剧风格,变得阴郁而充满哲思。今天的读者对《哈姆莱特》的剧情耳熟能详:丹麦王子哈姆莱特接到父王的死讯匆匆回国,奔丧时节又逢叔父克劳狄斯与母亲的婚礼。老国王的鬼魂现身,揭晓了克劳狄斯弑兄娶嫂的恶行,叮嘱爱子一定要报仇雪恨。哈姆莱特怒火中烧,加上感情遭遇失利,心灰意冷之下,他决意装疯卖傻,以验证鬼魂所言。克劳狄斯在哈姆莱特的探测之中彻底露了马脚,忏悔着吐露了心声,哈姆莱特则意外错过了复仇良机。之后发生的诸多矛盾与巧合加剧了王子与国王的斗争,并最终将整个丹麦王室引向毁灭:哈姆莱特与恋人奥菲利娅之兄雷欧提斯双双身中毒剑倒下,奄奄一息之时,王子用毒剑刺死克劳狄斯,王后也误饮毒酒身亡,敌国的王子福丁布拉斯乘虚而入,在哀乐声中接手皇位,忧郁王子的复仇悲剧至此告终。哈姆莱特是一位高尚的理想主义者,却置身于一个乾坤颠倒的世界,困在中世纪封建制度与文艺复兴

---

① 莎士比亚. 莎士比亚全集:第三卷[M]. 索天章,孙法理,译. 南京:译林出版社,1998:59.

的缝隙里无法自拔：亲情伦理在权力的欲望面前不堪一击，昔日的友伴化为食人豺狼，恋情备受阻挠，他决心复仇，却阴差阳错地赔上了自己的性命。莎士比亚借哈姆莱特之口表达了对人生的价值、责任及死亡的思考。整部戏剧弥漫着彷徨的思绪和呓语式的独白，百年来最广为传颂的句子莫过于："生存还是毁灭，这是一个值得考虑的问题；默然忍受命运的暴虐的毒箭，或是挺身反抗人世的无涯的苦难，在奋斗中扫清那一切，这两种行为，哪一种更高贵？"[①]忧郁王子因其犹豫而错失良机，却书写了极为深沉的生命哲思。

莎士比亚的羽毛笔有点石成金的功效，每一种戏剧类型到他手里都可以发挥到极致。罗密欧与朱丽叶缠绵悱恻的爱情让人如痴如醉，以至于家族世仇衍生的殉情让最铁石心肠的人都唏嘘不已；《驯悍记》中的凯特丽娜原本野蛮霸道，脾气火爆，最后却变得唯唯诺诺、对男人俯首帖耳；《威尼斯商人》中的巴萨尼奥一口答应妻子鲍西亚绝不将定情戒指另付他人，却在困局当中将爱人的叮嘱抛之脑后；布鲁托斯为追求民主不惜谋害凯撒，最终在群氓失控的暴乱中自食其果……莎士比亚从不将戏剧局限于某一类型，而是力图在悲喜交错和嬉笑怒骂的舞台上展现真实世界里的众生相。莎士比亚关心的只有舞台下的观众，关心他们是否从每一部戏剧中都获得了绚烂的人生体验。观众们在台下听情人絮语，看精灵作怪，随国王征战，与仇人共眠，时而挥舞着拳头激愤呐喊，时而低垂着双

故居小门

---

① 莎士比亚. 莎士比亚全集：第五卷[M]. 朱生豪等，译. 南京：译林出版社，1998：330.

故居餐厅

目眼泪涟涟。可以说,莎士比亚在丰富多彩的舞台上呈现了人生百态,于方寸之地创造了一个永恒的世界。

"埃文河畔的甜美天鹅"

莎士比亚被格林叫作"暴发户式的乌鸦"之后,当时的出版人契特尔站出来驳斥了这番诽谤,还原了一个温文尔雅的莎士比亚:"……他风度翩翩,举止文雅,与他自己宣称的品性并无二致。此外,各方显贵都称他为人公道,这说明他品性诚实;他的作品诙谐而不失典雅,证明他的艺术造诣精深。"[1] 泉下有知的格林或许会对此愤愤不平,但更让他始料未及的当是琼生在《第一对开本》中为莎士比亚的正名,琼生称莎士比亚为"埃文河畔的甜美天鹅"[2]。天鹅姿态优美,或翱翔天际,或游

---

[1] Anthony Burgess. William Shakespeare[M]. New York: Alfred A. Knopf, Inc., 1970: 110.
[2] Brian Vickers. William Shakespeare: The Critical Heritage[M]. London and New York: Routledge, 2005: 22.

弋水中，为小镇居民所常见，正如莎剧一般，上至王公贵族，下至市井大众，无不被其深深吸引。

琼生对莎士比亚推崇备至，可他也曾笑话其"不谙拉丁，鲜通希腊"①。这不是说莎士比亚对拉丁文和希腊文一无所知，而是指和真正学者出身的琼生比起来，只在文法学校念过书的莎士比亚未免有些相形见绌。可莎士比亚自有他的长处。他出身于农商家庭，故乡百工云集，他对屠夫、手套商以及酿酒商各色人等毫不陌生。小镇的支柱产业是农业，莎士比亚自小在耕地牧场上嬉戏，对鸟禽花卉和四时五谷的了解绝非泛泛，他知道岩燕会在外墙上筑巢，能区分画眉、黑鹂（也叫黑画眉）等会唱歌的鸟儿，各色花蕾在他的剧本里竞相开放，《仲夏夜之梦》里提泰妮娅酣睡之所就是一片花海："我知道一处茴香盛开的水滩，长满着樱草和盈盈的紫罗兰，馥郁的金银花，芬泽的野蔷薇，漫天张起了一幅芬芳的锦帷。"②此外，莎士比亚还经常提到一些打猎、法律和医学等方面的专业术语。在刻画人物方面，莎剧总是于朴实中充满哲思，几句话就将人物描写得惟妙惟肖、形神兼备。骂人的粗话、粗俗的性暗示、插科打诨式的俚语在其作品中屡见不鲜，故事、闲谈、谜语、俏皮话等更是随处可见。《雅典的泰门》中，雅典贵族泰门乐善好施，可在散尽家财以后却被弃之如敝屣，他在落魄之中看透世态炎凉，对金子发出怒斥："金子！黄黄的，发光的，宝贵的金子！……这东西，就是这些东西，可以使黑的变成白的，丑的变成美的，错的变成对的，卑贱变成尊贵，老人变成少年，懦夫变成勇士……"③《亨利四世》中，邋遢、怯懦的福斯塔夫精于算计，对荣誉的见解可谓独到："什么是荣誉？一个词语。词语里是什么？空气，如此而已！谁获得荣誉？星期三死掉的那个

---

① Brian Vickers. William Shakespeare: The Critical Heritage[M]. London and New York: Routledge, 2005: 22.
② 莎士比亚.莎士比亚全集：第一卷[M].朱生豪，译.南京：译林出版社，1998: 336, 249-254.
③ 莎士比亚.莎士比亚全集：第六卷[M].朱生豪，译.南京：译林出版社，1998: 479.

人。他感觉得到荣誉吗？感觉不到。他听得见荣誉吗？听不见……因此我不要荣誉,荣誉不过是送葬时用来装点门面的东西。"①莎士比亚形容爱情时更是妙语连珠："恋人的耳朵听得出最微细的声音,任何鬼祟的奸谋都逃不过他的知觉；恋人的感觉比戴壳蜗牛的触角还要微妙灵敏；恋人的舌头使善于辨味的巴克科斯显得迟钝。"②他笔下的孩童也十分生动有趣："背着书包、满面红光的学童,像蜗牛一样慢吞吞地拖着脚步,不情不愿地呜咽着上学堂。"③看客们既会被莎士比亚的戏剧逗得前仰后合,又会陷入深深的沉思。

莎士比亚的后期作品与时代密不可分。在击溃了宠臣埃塞克斯伯爵的叛乱之后,心力交瘁的伊丽莎白女王在1603年3月撒手人寰,接着苏格兰的詹姆士六世登基,成为英国国王詹姆士一世。莎士比亚所在的剧团得到了新王的垂青,特许表演喜剧、悲剧、历史剧、幕间剧、道德剧、牧歌剧及其他剧种,剧团还获赐新名,改为国王供奉剧团,莎士比亚的新作被连番搬上舞台,他的事业达到顶峰。在此之前,莎士比亚已经开始着手写作所谓的"问题喜剧"。新王即位以后,政权变得更加不可捉摸,莎士比亚的剧作也流露出惶惶不安的氛围和略带讽刺的语调,如《一报还一报》中的摄政王安哲鲁一朝大权在握,便妄图染指伊莎贝拉以换取其弟性命,对于此前交好的玛丽安娜则不管不问；公爵文森修虽明断是非,但他对权力的滥用和对伊莎贝拉的暗暗垂涎却让人心生反感。莎士比亚不仅揭示了人性的阴暗面,还对权力腐败的状况进行了影射。《科里奥兰纳斯》中的罗马贵族高傲孤僻,拒绝与民众对话,最终酿成了城破人亡的悲剧。随着年岁的增长,莎士比亚所思所想日渐成熟,越发能看到万事的缺憾之处,下笔时有一股悲天悯人的调子,悲剧创作水到渠成,达到了炉火纯青的地步。《奥赛罗》中的奥赛罗将军无疑是莎士比

---

① 莎士比亚.莎士比亚全集：第四卷[M].朱生豪,译.南京：译林出版社,1998：89-90.
② 莎士比亚.莎士比亚全集：第一卷[M].朱生豪,译.南京：译林出版社,1998：275.
③ 莎士比亚.莎士比亚全集：第二卷[M].朱生豪,译.上海：译林出版社,1998：127.

亚后期剧作中最值得同情的悲剧人物，他是摩尔贵族，以军功扬名，但因置身于白人云集的威尼斯而对自己的种族身份感到自卑，虽然已与意中人结成百年之好，仍感惴惴不安；伊阿古也是少见的十恶不赦的坏蛋，他利用苔丝狄蒙娜的善良以及奥赛罗的善妒和容易相信别人的特点，将局面把控在手，使他们都成了他实现毁灭计划的棋子。正是凭借对人性缺陷的了解，伊阿古才得以手到擒来，这一点必定让莎翁的另一部悲剧作品《李尔王》中的主人公李尔王自叹不如。骄妄的李尔王自以为睿智地滥用权力，天真地以为世界会遵照秩序和伦常来运转，可遇到同样天真的小女儿，他的认知能力遭到了挑战，既定的规则被打破，李尔王便像断线的风筝，搅在权欲与亲情的旋涡当中，无法脱身，最终只能抱着小女儿的尸体在荒野里号哭，腑脏俱碎，哀鸣着迈向死亡。莎士比亚的悲剧意义深远，涉猎领域广博，涉及政治、司法、伦理等各方面，揭露了社会的种种弊端，取得了震撼心灵的艺术效果。

英国自詹姆士一世起，帝国的概念逐渐形成，对更广阔世界的开拓和殖民拉开帷幕，莎士比亚的传奇剧由此打开了新世界的大门。当时的莎士比亚早已凭借剧作大卖带来的不菲收益购置了故乡最大的居

故居卧室

所——"新地"。通过入股剧团、放贷回收利息等,莎士比亚自然而然地跻身于小镇最富有居民之列,获颁家族纹章也使其摆脱了戏子的身份,成为小镇真正的名流。或许是有意与现实达成和解,晚年的莎士比亚不再着力揭露、抨击黑暗的现实,而是采取宽容的态度,以离奇的幻想和道德的感化掩盖批判的锋芒,因此剧作大多基调平和,意境深邃,大圆满的结局也反映出作家晚年超脱通达的心态。

至此,莎士比亚几乎写尽了全部的戏剧题材,用尽了所有的戏剧手法,歌喉甜美的"天鹅"也在舞台上发出了或高亢嘹亮或低鸣沉吟的所有音调。直到1613年环球剧院在演出《亨利八世》时起火,莎士比亚的戏剧生涯才宣告结束。这只"埃文河畔的天鹅"终于决心重返故乡,在斯特拉特福小镇安稳地栖息,等待上帝的召唤。

无需陵墓的诗歌丰碑

莎士比亚在生前已被认为可以与锡德尼、斯宾塞等伊丽莎白时期的著名诗人平起平坐,琼生对莎士比亚评价更高。在《第一对开本》的题词中他写道:"不想把你安置在乔叟、斯宾塞身边,鲍蒙特也不必挪开一点儿,给你腾出位置:你是无需陵墓的一座纪念碑。"[1]纵观莎士比亚的写作生涯,可以发现他一直极力尝试不同的文学体裁,可能是为了磨砺自我,但更可能只为争强好胜,以此显示无论居于何种领域,他的天赋都无与伦比。令人惊叹的是,莎士比亚在诗歌创作方面的声誉一度超过了戏剧领域,他所铸造的诗歌丰碑同戏剧一道,在历史长河中巍然屹立。

1593年夏,这位刚刚扬名的戏剧新手就转移了注意力,出版了第

---

[1] Brian Vickers. William Shakespeare: The Critical Heritage[M]. London and New York: Routledge, 2005: 21.

一本叙事诗《维纳斯与阿多尼斯》。剧作家在当时不是一个入流的职业，剧院也被议员视为聚集不轨之徒的伤风败俗之地，一度被冠以传播瘟疫的恶名而强行关闭，演员们纷纷投靠达官显贵，由此开启了英国戏剧的"惠顾人"传统。莎士比亚并未在诗集的扉页上署名，但显而易见的是他希望以诗才博得某位贵族的欢心。这首素体诗取材于奥维德的《变形记》，情节跌宕，激情澎湃，讲述了娇艳多情的爱神维纳斯对俊美少年阿多尼斯的痴心爱恋，大胆地表现奔放的肉欲和袒露的色情。莎士比亚将诗作献给了年方二十、屡遭逼婚的南安普顿爵士，爵士对阿多尼斯的尴尬处境感同身受，因而欣然接受，并成为莎士比亚的惠顾人。这首诗为莎士比亚博得了此前任何一部戏剧都无法获得的巨大声誉，它是如此讨人喜欢，以至于首印版都让人们翻烂了。因其情色部分描写精彩，托马斯·米德尔顿将其归入"淫秽小册子"之列，当时的一位诗人更是说道："爱看情色作品的，可以看看《维纳斯与阿多尼斯》，那可是最最淫秽之作货真价实的典范。"[1]无论如何，莎士比亚的诗歌成就至此已经得到了公认，一年后他完成了第二部叙事长诗《鲁克丽丝受辱记》，照例献给了南安普顿伯爵，两人的亲密关系可见一斑。

1609年，市面上开始流行莎士比亚的十四行诗集。这体量庞大的154首十四行诗大约从1593年起就开始创作，十几年后才印刷出版，作品抒发了诗人对人生无常和韶华易逝的感叹，提倡把握当下，及时行乐。那个年代没有版权法，盗印有利可图，所以盗版猖獗。出版商托马斯·索普为了避免盗版影响销量，一集满清稿，就马不停蹄地赶工印刷。书中表示，要将这部诗集献给"唯一的促成者W. H. 先生"，由此引发了一场谜案。几百年来，人们一直坚信W. H. 先生是莎士比亚十四行诗的灵感来源和敬呈对象，但对其身份却有百般争议。有的说是彭勃洛克伯爵威廉·赫伯特，有的认为是南安普顿伯爵。王尔德还曾撰文提出W.

---

[1] 阿克罗伊德. 莎士比亚传[M]. 覃学岚等, 译. 北京: 北京师范大学出版社, 2014: 231.

故居外景

H. 是一个叫威尔·休斯的年轻演员，总之，类似的谜案总能增添世人对莎士比亚的莫大兴趣。

华兹华斯说莎士比亚用十四行诗的钥匙"打开了自己的心扉"[①]，言下之意是可以通过这本书窥探莎士比亚的感情纠葛，而学者瓦尔特·罗利的评价或许更具启发意义："可以肯定，那些诗行来自真实的生活经历。然而，艺术的过程就是把泪滴变为珍珠，又来装饰新的忧愁。十四行诗向所有知晓人生沧海桑田、沉浮升迁的人倾诉，其背景是过往之事，其主题是永恒的。它们讲述的悲剧是所有诗歌的主题和灵感之源。这是时间的胜利，它无情地踏过人类野心和欲望的废墟，阔步向前。"[②] 莎士比亚的感情经历永远都是一个谜，在遗嘱中，他仅将"第二好的床"留给妻子安妮，也因此被人诟病。但不可否认的是，莎士比亚以诗歌和戏剧为双翼，从文学万神殿的狭小角落展翅，超越众人，登上了常人难以

---

① Anthony Burgess. Shakespeare[M]. New York: Alfred A. Knopf, Inc., 1970: 123.
② 罗益民. 天鹅最美一支歌：莎士比亚其人其剧其诗[M]. 北京：科学出版社，2016: 142.

企及的高位。

说不尽的莎士比亚

1616 年 4 月 23 日，莎士比亚与世长辞，享年 52 岁。他的遗体被安葬在圣三一教堂，墓碑上刻着据说是由他自己题写的铭文：

> 好朋友，看在耶稣份上，
>
> 切勿掘开这抔黄土。
>
> 容此碑石者得天保佑，
>
> 移我骸骨者难逃诅咒。

正如《辛白林》中挽词所说："不用再怕骄阳晒蒸，不用再怕寒风凛冽；世间工作你已完成，领了工资回家安息。才子娇娃同归泉壤，正像扫烟囱人一样。"[1] 莎士比亚走完了传奇的一生。他的戏剧超越了时空，将整个世界展现在环球剧院的舞台之上。环球剧院后来因失火而败落，莎士比亚创造的这一舞台不复存在，这只"埃文河畔的甜美天鹅"兜兜转转，终得以抚翅安歇，回归最初的地方，在这"果壳"大小的斯特拉特福小镇自立为"无限宇宙之王"。

莎士比亚辞世以后，他在国王供奉剧团的同事约翰·赫明斯和亨利·康德尔于 1623 年筹划出版了他的 36 部作品，以对开本形式印刷，史称《第一对开本》。戏剧合集的扉页插图或许是和莎士比亚真容最接近的一幅画。在这幅由版画家德鲁肖特执刀的肖像中，作家的头顶半秃，衬衫的宽大领子垂在上衣外头，年轻时蓄的络腮胡子无影无踪，只剩下一撮八字须。他的嘴唇丰满，鼻子挺拔，眼光敏锐，出神地望着剧本外的世界。一位看相专家仔细观察后的结论是，这位剧作家具有"理想、奇才、智慧、模仿力、善心和尊长之心"，也有"一点儿小小的破

---

[1] 莎士比亚. 莎士比亚全集：第七卷 [M]. 朱生豪, 译. 南京：译林出版社, 1998: 167.

坏欲和占有欲",他同时"极易动情、活跃、敏捷而且好动"。①诚如斯言,我们很难想象如此多情澎湃的戏剧世界会从一颗冷静含蓄的心中喷涌而出。后世评论家将莎剧视为西方正典的中心和衡量一切文学的尺度,由莎剧衍生出的舞台表演、影视改编、文学评论等更是数不胜数。英语中的许多日常用语不是出自《圣经》就是出自莎翁作品,莎剧俨然成为西方人生活的一部分,在不同时期都能焕发出勃勃生机。

莎士比亚因其多面性而迷人。他是精通人性的文学大师,是忧郁的多情浪子、粉墨登场的演员、业余的法律事务好手和精打细算的投资者。有人议论他是剽窃的小丑、吝啬的商人,还有人说他是临摹世间百态的剧作高手和无与伦比的诗人。在封圣的途中,他享受过后人的赞赏:桂冠诗人德莱顿、文学批评家莱辛、莎剧最出色的德语译者施莱格尔、大文豪歌德以及英国浪漫主义时期的柯勒律治和哈兹利特等人均对他赞誉有加;他所承受的非议也不在少数:伏尔泰嘲笑莎士比亚的悲剧是"怪物般的闹剧",约翰逊博士指责莎士比亚将一切道德标准抛之脑后,萧伯纳直言莎士比亚只能"集合一些肤浅愚蠢的谚语",托尔斯泰更是不满莎剧情节离奇、用语浮夸……我们对这位伟大作家的生平知之甚少,以至于安东尼·伯吉斯不无戏谑地说:"令人恼怒的是,每当莎士比亚在做除了购买租约或撰写剧本以外的事情时,历史就'啪'的一声合上了嘴。"②可是在歌德看来,莎士比亚却是说不尽的。是啊,又有谁能把这位伟大的文学家一语概之呢?不管毁誉如何,数百年来,莎士比亚作品始终独领风骚,他的戏剧雅俗共赏,"他的天才平等地照耀着善恶、贤愚和贵贱"③。

时至今日,成千上万的仰慕者如潮水般涌入斯特拉特福小镇,凭吊这位"人类文学奥林匹斯山上的宙斯"。仰慕者们在小镇徜徉,只需要

---

① 阿克罗伊德. 莎士比亚传 [M]. 覃学岚等,译. 北京: 北京师范大学出版社,2014: 440-1.
② Anthony Burgess. Shakespeare[M]. New York: Alfred A. Knopf, Inc., 1970: 180.
③ 谈瀛洲. 莎评简史 [M]. 上海: 复旦大学出版社,2005: 90.

半天时间就可将莎翁故居从里到外打量清楚,他们一边在莎士比亚书店里流连,一边揣摩着莎剧的丰富含义,试图窥探这座亘古常新的艺术宝库。圣三一教堂周围遍布榆树,教堂顶部的木制尖塔高耸入云,一派威严气象,墓碑之外的景象依旧如初。热闹的小镇一次次将莎剧搬上舞台,哈姆莱特、李尔王、夏洛克和福斯塔夫等一个个剧中人物的名字也不断地进入大众视线。当你被问到对莎士比亚了解多少,唯一保险的回答就是:不如他对我们了解得多。各色人物和社会风貌得以借莎翁之笔被载入青史,作家本人更是跨越了时代和国界,展现了嬉笑怒骂、恩怨情仇的百态千面。日夜流淌的埃文河水见证了一段平凡的历史,小镇的迷人风情则与莎翁的戏剧世界交相辉映,永远咏唱着这位不朽的作家。

(撰稿:王骁)

埃文河畔莎士比亚塑像

参考文献

阿克罗伊德. 莎士比亚传 [M]. 覃学岚等, 译. 北京：北京师范大学出版社, 2014.

爱克曼. 歌德谈话录 [M]. 朱光潜, 译. 北京：中华书局, 2013.

罗益民. 天鹅最美一支歌：莎士比亚其人其剧其诗 [M]. 北京：科学出版社, 2016.

莎士比亚. 莎士比亚全集 [M]. 朱生豪等, 译. 南京：译林出版社, 1998.

莎士比亚. 莎士比亚诗集 [M]. 辜正坤, 曹明伦, 译. 北京：外语教学与研究出版社, 2016.

谈瀛洲. 莎评简史 [M]. 上海：复旦大学出版社, 2005.

伍德. 莎士比亚是谁 [M]. 方凡, 译. 杭州：浙江大学出版社, 2014.

张冲. 莎士比亚专题研究 [M]. 上海：上海外语教育出版社, 2004.

Anthony Burgess. Shakespeare[M]. New York：Alfred A. Knopf, Inc.1970.

Brian Vickers. William Shakespeare: The Critical Heritage[M]. London and New York: Routledge, 2005.

莫里哀

在巴黎无数看似不起眼的街道上、建筑中，随处都可能寻见某位著名作家生活过的痕迹。巴黎黎世留大街也不例外。黎世留大街40号之所以有名，是因为十七世纪法国喜剧界的巨擘——莫里哀人生的最后时光在这里度过。1672年，为了改善生活环境，莫里哀携家人搬到黎世留大街的一幢房子里（现门牌号是40号）。此时莫里哀的病情已经相当严重，朋友们纷纷劝他放弃写作和表演。但出于对戏剧的热爱，莫里哀仍然坚持抱病写作，抱病登台。1673年，莫里哀在这里创作了最后一个剧本《无病呻吟》。2月17日，《无病呻吟》第四次演出之后，病情恶化的莫里哀在这栋房子里与世长辞。他将一生奉献给了戏剧事业，陪伴莫里哀十多年的黎世留大街如同一位忠实的见证人，目睹了他曾经的苦难和落魄，也见证了他生命最后的光彩。多少年来，慕名前来的游客不计其数，附近的人们也因居住于此而感到幸运。如今，漫步在黎世留大街上，伫立在莫里哀故居前，仿佛走进了黑白电影的默片，眼前也似乎出现了莫里哀在桌前奋笔疾书的身影。不难想象，昔日的莫里哀正如人们在画像中看到的那样，目光炯炯有神，眼里充满警惕和睿智的光芒。莫里哀把毕生精力奉献给了法兰西民族的戏剧事业，用犀利的笔触和不屈的斗志，讽刺了腐朽的封建贵族，打击了虚伪的教会势力，成为黎世留大街一盏照亮千古的明灯。

在莫里哀去世以后，法国国王路易十四曾问文艺理论家布瓦洛："谁是当代最伟大的作家？"布瓦洛回答说："陛下，是莫里哀。"这个评价对莫里哀来说无疑是恰当的。尽管在莫里哀生活的时代，社会的整体风气仍然是重视悲剧，轻视喜剧，并认为喜剧始终无法登大雅之堂，但莫里哀依旧凭借自己的非凡创作，使得喜剧受到观众欢迎，并在艺术上达到了全新的高度。在当时的黎世留大街乃至整个巴黎市区，几乎随处都可以听见人们因为莫里哀的喜剧而发出的阵阵欢笑。然而，莫里哀的喜剧尽管令人捧腹，却不仅仅是为了逗乐。关于喜剧创作，莫里哀曾这样说："喜剧的责任既是在娱乐中改正人们的弊病，我认为执行这个任务最好莫过于通过令人发笑的描绘，抨击本世纪的恶习。""一本正经的教训，即使最尖锐，往往不及讽刺有力量；规劝大多数人，没有比描写他们的过失更见效的了。"[1] 为此他强调喜剧的主要责任在于表现"本世纪人们的缺点"，揭发"本世纪的恶习"。莫里哀坚持抱病写作，1662 年，他的第一部集中反映社会

莫里哀故居（法国巴黎）

---

[1] 陈惇. 莫里哀和他的喜剧[M]. 北京：北京出版社，1981：96–100.

问题的喜剧《妇人学堂》创作完成。随后，他又陆续完成了《伪君子》《恨世者》《唐璜》等作品，并对贵族、教会和富商进行了更为辛辣、激烈的讽刺。尽管这些作品不可避免地使莫里哀受到攻击，有些甚至遭到无情的禁演与销毁，可是面对那些陷害和诋毁，莫里哀并没有选择退缩。他把舞台当作阵地，以喜剧为武器，用犀利的笔调和诙谐的演出一次次击中了贵族、教会、富商的要害，揭露了他们卑鄙可憎的面目。莫里哀被虚伪的贵族与教会痛恨，却被无数普通的巴黎百姓称赞。这位伟大的作家出殡的那晚，许多民众不顾教会的反对，自发前来为莫里哀送行。上百个火把照耀着，整个黎世留大街宛如白昼般明亮。几百年过去了，这位伟大作家的名声早已飞出了黎世留大街，越过了法国，传到了世界各地。莫里哀不仅是巴黎的骄傲，更是整个法国乃至全世界的骄傲。

应当如何概括莫里哀的一生？是痴迷戏剧的商贾逆子，还是善于讽刺的戏剧大师，抑或是不可多得的优秀演员？不论怎样的标签都无法将他本人与戏剧分开。在西方戏剧史上，莫里哀是继莎士比亚之后成就最大、影响最深的戏剧家。他被公认为"欧洲近代喜剧的开山祖"，许多戏剧家都在他的作品中汲取养分。不仅如此，莫里哀对后世的影响还超出了狭窄的戏剧范畴，绵延到了整个文学领域。许多著名的文学家，诸如雨果、歌德、巴尔扎克、萧伯纳、果戈里、托尔斯泰等，都曾将莫里哀视为学习的榜样。歌德在谈及自己的创作体会时曾说："我自幼就熟悉莫里哀，热爱他，并且毕生都在向他学习。我从来不放松，每年必读几部他的剧本，以便经常和优秀作品打交道。"[①] 由此可见莫里哀的影响之深远。现如今，尽管属于莫里哀的那段辉煌岁月早已逝去，但幸运的是，那栋满载着莫里哀生命记忆的故居，至今仍能在黎世留大街上找到踪迹。历经无数个春秋，故居宛如一位遗世独立的老人，承载着历史的记忆，在巴黎都市的喧闹中静默地伫立着。只要来到黎世留大街，古老

---

① 陈惇.莫里哀和他的喜剧[M].北京：北京出版社，1981：107.

的故居就会为我们讲述属于莫里哀的那个热闹而辉煌的时代。

商贾逆子

1622年1月15日，让·波克兰家族中的长子莫里哀诞生了，他被取名为让·巴斯蒂特·波克兰。莫里哀的家族是世代经营室内装饰的工匠。父亲让·波克兰是一个精明强干的商人，他不仅在巴黎最繁华的商业区开设了毡毯铺，还于1631年荣获了"王室侍从"的头衔。父亲希望莫里哀长大以后能够安心继承家业，成为像自己一样成功的商人。为此，莫里哀从小就被父亲带到店铺里学习写字、算术、记账，与形形色色的客人打交道。日子久了，莫里哀很早便洞悉了资产阶级的生活。莫里哀的家坐落在巴黎市中心最繁华的商业区，位于圣安诺烈大街和旧澡堂大街交叉的拐角处。这是一栋十六世纪的老房子，因为屋内一根柱子上雕刻着一连串采摘果实的小猴子，这所房子便得了个绰号叫"猴楼"。有传言说，莫里哀善于模仿的表演天赋，很大程度上源于这群好做鬼脸的猴子的启发。

十岁那年，莫里哀的母亲患病去世，外祖父路易·克雷赛便代替女儿陪伴在莫里哀身边。外祖父与小外孙的关系特别好，因为克雷赛本身就是一个戏迷，经常会偷偷领着莫里哀去看戏。在外祖父的帮助下，小莫里哀可以进入当时最有名的剧院——布高尼府剧院，欣赏最为专业的演出。精彩的戏剧表演为莫里哀打开了一扇通往新世界的大门。相较于父亲安排的枯燥乏味的商贾生活，他更喜欢精彩纷呈的戏剧世界。莫里哀的变化被父亲看在眼里，为此父亲埋怨自己的岳父克雷赛："您怎么总是带他看戏呢？难道您要把他培养成戏子吗？"克雷赛沉默片刻回答说："但愿上帝保佑他将来成为像贝尔洛斯那样的好演员。"[①]可以说，

[①] 布尔加科夫. 莫里哀传[M]. 臧传真等, 译. 天津：南开大学出版社, 1985: 20-21.

正是外祖父的支持给了小莫里哀极大的鼓励，也坚定了他从事戏剧事业的决心。要知道，在莫里哀生活的时代，戏剧演员的地位是非常低的，他们通常被政府视为下等人，还时刻面临着来自教会的歧视。根据教会规定，倘若当了戏子，不仅生前会被驱逐出教会，临死前若没有举行忏悔和终敷礼，甚至连坟地都没有。可以想象，像莫里哀这样的富商少爷，放弃优渥的生活而去做被人看不起的演员，该需要多大的勇气，然而莫里哀还是毅然走上戏剧道路，最终成为名垂千古的戏剧家。

十三岁那年，莫里哀来到克莱蒙中学读书。这是当时巴黎最有名的学校，学生们多半来自赫赫有名的贵族家庭，有些甚至是皇亲国戚。在这里学习的五年里，莫里哀不仅获得了丰富的知识与良好的教育，还结交了一批贵族朋友，熟知了他们的生活品性，这为他后期在戏剧中塑造贵族青年的形象提供了可靠的素材。此外，繁忙的学习生活丝毫没有磨灭莫里哀对戏剧的热情。只要一有空闲，他便会与克莱蒙中学的同学结伴而行，相约一起观剧。这五年里，莫里哀和同学们几乎看遍了布高尼府剧院的所有演出，有些同学甚至成为他日后戏剧活动的大力支持者。不仅如此，莫里哀还结识了一名非常优秀的女演员玛德莱娜·贝扎尔。玛德莱娜不仅表演技能卓越，还具有很高的文学素养。莫里哀与她相见

故居介绍牌

故居内景

恨晚,很快成为莫逆之交,共同的志向使莫里哀决心与她一起投身戏剧事业。

1643年初,二十岁的莫里哀正式和父亲摊牌。他给父亲写了封信,明确表示自己不愿意做律师,也不打算当学者,更厌恶做家族的继承人,他唯一渴望从事的职业便是戏剧表演。听到这个消息以后,老波克兰气坏了。在他看来,儿子要当戏子的想法简直是大逆不道,辱没家门。老波克兰急忙跑去找莫里哀的老师乔治·皮涅尔,痛哭流涕地哀求他劝说莫里哀。然而令人惊讶的是,经过一番推心置腹的交谈,原本去当说客的老师皮涅尔竟被学生莫里哀说服了。他不仅表示完全支持莫里哀的选择,还决定要辞去工作,和他一起登上戏剧舞台。老波克兰彻底陷入了绝望。他无法理解儿子为什么愿意从事如此下贱的职业,同时也非常后悔当初送他去克莱蒙中学念书。但拗不过莫里哀的坚持,老波克兰最终给了儿子六百多利弗尔,莫里哀带着这笔钱离开了家。

1643年6月30日,在玛德莱娜全家的帮助下,莫里哀组建了一个新剧团。与此同时,莫里哀放弃了"让·巴斯蒂特·波克兰"这个名字,正式更名为"莫里哀"①。此举或许是为了和过去的一切做个彻底告别。这个团体没有故作谦虚，而是以"光耀剧团"为名，渴望日后能够在巴黎闪闪发光。然而，尽管摆脱了父亲的阻挠，踏上了戏剧的追梦之旅，莫里哀前方的道路仍然相当坎坷。新剧团不仅表演经验欠缺，而且没有充足的资金，更缺少地位显赫的靠山，重重困难都等着莫里哀和他的剧团去解决。"做了过河卒子，只能拼命向前。"②年轻的莫里哀凭借着一腔热忱，受着数不清的白眼，义无反顾地走上了并不平坦的戏剧之路。

流浪生涯

光耀剧团的成立在巴黎引起了无数的讥讽，布高尼府剧团甚至公开嘲笑他们为流浪汉的团伙，不过，莫里哀一行人对此事并不在意，他们将所有的精力投向了戏剧表演事业。终于，在1644年的新年之夜，光耀剧团迎来了首次悲剧演出。然而，表演却意外惨败，以至于其他剧团的演员嘲讽道，从第二天起，剧场内似乎只有演员亲属和持有免费入场券的人在看戏了。首战失利的莫里哀并没有气馁，他精心挑选剧本，筹集资金，和演员们共同训练，终于使光耀剧团取得了一定的成绩，玛德莱纳的表演赢得了许多观众的喜爱。但是好景不长，由于剧团经营不善，财力窘迫，演出一年就已负债累累，莫里哀也因为无力偿还债务而被关进了监狱。尽管后来父亲老波克兰用钱将儿子从监狱赎了出来，可是入不敷出的光耀剧团却于1645年的秋天彻底解散了。剧团垮台以后，莫里哀从剩余的团员中挑选出最信赖的人，组成了新的班底。经过深思熟虑，这个团体决定跟随杜弗莱尼剧团离开巴黎，到外省去寻找新的出路。于是，从1645年深秋开始，在巴黎艰苦奋斗了三年的莫里哀，和他的

---

① "莫里哀"的法语意为长春藤。
② 该句出自胡适1938年10月31日赠送给陈光甫先生照片的背面所题写的一首诗。

团队一起开始了长达十三年的流浪生涯。漫长的十三年里，莫里哀尝尽了生活的无情与艰辛：他睡过简陋的干草棚，一路经常风餐露宿，更要不时忍受当地政府的刁难和勒索。但这些经历也让莫里哀有机会走进农村，深入了解下层人民的苦难。也许正是因为相似的遭遇，莫里哀很容易将自己的经历与底层人民的处境联系在一起，进而站在人民的立场上，替广大民众发声。

值得一提的是，在外省流浪的日子里，莫里哀开始尝试创作、表演轻松幽默的喜剧。喜剧在当时的社会本是不受重视的，然而在莫里哀的剧团这里，一个奇怪的现象出现了：他们表演悲剧总是惨败，表演喜剧则大受欢迎。究其原因，一是因为莫里哀本人又瘦又高，眼距很宽，鼻子又大又厚，说话略微结巴，天生就是一副喜剧演员的长相；二是因为他善于学习民间闹剧和意大利即兴喜剧的技巧，具有高超的喜剧创作天赋。在数次喜剧表演获得成功以后，莫里哀将创作的重心由悲剧转向喜剧，他也因此受到热烈欢迎，在外省的名气越来越大。1652年底，莫里哀赴里昂演出之际，创作了大型喜剧《冒失鬼》。这是一出意大利风格的诗体喜剧，通过生动诙谐的故事，塑造了玛斯加里尔这样一个足智多谋、坚强勇敢的艺术形象。该剧上演之后，大获成功。更令莫里哀高兴的是，就在此时，杰出的外省演员德·布里夫妇和德·格尔拉小姐先后加入了他的剧团。随着剧团规模的扩大和收益的增加，莫里哀对戏剧事业的热情更加浓厚。

1653年夏末，莫里哀在克莱蒙中学的老同学——孔提亲王，邀请他到自己的城堡演出。出于对莫里哀剧团的喜爱，孔提亲王将剧团命名为"孔提亲王皇家剧团"，并要求他们长期为自己服务，按时给他们发放俸禄。在有孔提亲王庇护的日子里，莫里哀剧团的演出进入了黄金时期。但是幸福并未持续多久，反复无常的孔提亲王很快厌倦了戏剧，沉湎于宗教研究之中。他不仅不想见到莫里哀，更下令取消曾经授予剧团的名字。遭到侮辱和冷遇后，莫里哀剧团不得不离开城堡，再度踏上了流浪之路。然而，是金子总会发光。1658年，靠着友人的美言，莫里哀的剧团被推荐给了国王路易十四的兄弟菲利浦·奥尔良殿下。这个好消息使整个剧团沸腾了，因为他们终于可以结束流浪的生活，重新回到繁华热闹的巴黎。十三年前，由于经验不足和资金匮乏，巴黎将莫里哀无情地驱赶出去；十三年后，带着优秀的演员和成熟的作品，莫里哀剧团终于骄傲地回来了，尽管等待他们的依然是无比激烈的竞争和万分艰巨的挑战。但此时，饱经沧桑的莫里哀已无所畏惧。

初次交锋

受到国王兄弟奥尔良公爵的青睐，莫里哀剧团被授予了"御弟剧团"的称号。随后，奥尔良公爵将这个剧团推荐给了国王，并为他们争取到了在国王面前演出的机会。1658年10月24日，对于莫里哀而言是极不平凡的一天。国王路易十四命令莫里哀剧团前往卢浮宫进行演出。戏剧大厅里坐满了密密麻麻的观众，除了国王和奥尔良公爵之外，还有宫廷里大大小小的官员，以及布高尼府剧团最为出色的演员。莫里哀剧团表演的第一个剧目是高乃依创作的悲剧《尼高梅得》。不出所料，这出戏表演得很平庸，演出结束后，大厅里只响起了稀稀落落的掌声。紧接着，剧团再次登台，这次演出的是莫里哀自己创作的滑稽喜剧《多情的医生》，由莫里哀亲自扮演剧中的主角。这出戏异常成功，赢得了观众热烈的喝彩，连国王本人都忍不住笑得前仰后合。剧团成员后来回忆当时的情景

故居正门

莫里哀与路易十四

时写道:"许久以来,人们已经不演小喜剧,现在演起来竟像是一种新发现,那一天表演的时候,人们都大为新奇,充满快意。莫里哀扮演医生,扮得很有价值,以至国王命令他的剧团在巴黎建立剧院。"① 就这样,莫里哀剧团被国王批准入住小波旁宫,和意大利剧团共同使用戏剧舞台。

值得注意的是,重返巴黎以后,为了适应时代的风尚,莫里哀在戏剧创作上也进行了一番调整。首先,此时正值巴黎专制王权最为强盛的时期,为了迎合路易十四的需要,作为戏剧家的莫里哀自然懂得拥护专制王权,反对贵族、教会势力的重要性。为此,他经常在戏剧创作中对贵族和教会进行讽刺,以此获得国王的认可。并且由于演员的身份低微,莫里哀在宫中经常受到来自贵族的侮辱和轻视,这更促使莫里哀在创作中直接把矛头指向贵族阶级。另一方面,随着专制王权的加强,古典主义流派渐渐在法国文坛获得了统治地位。这种文学流派对戏剧创作有着严格的规定,认为悲剧高于喜剧,要求剧作家遵守"三一律"——这与莫里哀在外省熟悉的那种宽松自由的喜剧风格有着根本差别。因此,为了适应巴黎的审美风尚,他也需要在艺术方法上进行一些改变。

---

① 陈惇.莫里哀和他的喜剧[M].北京:北京出版社,1981:24-25.

1659年11月18日，莫里哀剧团在波旁剧院上演了一个新创作的独幕喜剧——《可笑的女才子》，将讽刺的利剑直接指向虚伪的上层贵族。剧情大体是这样的：卡多丝和玛德隆是两个傻里傻气的小姐，她们热衷于贵族社会那种咬文嚼字、故作风雅的作风。有两个青年向她们示爱，却因为不够风雅而被逐出门外。青年们为了报复，故意让仆人装扮成侯爵，模仿贵族的做派，对两个小姐大加称赞。正当她们扬扬得意之时，青年们赶来揭穿了真相，两个傻小姐顿时无地自容。在剧中，莫里哀讽刺了巴黎社会以德·郎布耶侯爵夫人和玛德莱娜·斯居戴利小姐为代表的上层贵族的不良风气。这个群体总是以风雅自居，喜欢舞文弄墨、咬文嚼字，并时常举办所谓的贵族"沙龙"。他们自命不凡，经常在说话、穿衣、装扮等方面追求与众不同，以显示自己的高贵地位。然而究其实质，他们所追求的高雅不过是一些可笑可鄙的东西。例如，他们将普通的镜子称作"优雅的顾问"，把椅子叫作"谈话的舒适"。久而久之，这个群体越是追求高尚与风雅，他们谈话的内容和表达的方式就变得越发艰涩诡异。莫里哀敏锐地捕捉到这一社会风气，并在《可笑的女才子》中对其进行了辛辣的讽刺。要知道，在此之前，法国喜剧多半取材于意大利或西班牙故事，然而《可笑的女才子》却直接取材于现实社会，展现了现实人物的荒唐可笑。该剧演出后，剧院中的贵族们恨得脸色发青、咬牙切齿，而普通观众则忍不住哄堂大笑，甚至有一位老头当场高呼："加油！莫里哀！这才是真正的喜剧哩！"

　　《可笑的女才子》获得了巨大成功，然而，成功却没有为莫里哀带来安宁。遭到羞辱后的贵族集团很快便对莫里哀展开了报复。他们不仅肆无忌惮地攻击莫里哀，污蔑他剽窃和抄袭，更让人禁演这出戏。莫里哀也不甘示弱，他主动修改了剧本中敏感的部分，并巧妙地向国王寻求庇护。于是两周以后，《可笑的女才子》便再次被允许公开上演了。与贵族集团的初次交锋以莫里哀的成功告终，他也在剧本出版发行的前言中表达了自己的喜悦："……并非我在这里冒充谦虚的作家，故作大方，小看我的喜剧。假如我指责全巴黎不该对一个胡闹的东西叫好，我就不巧得罪了巴黎……在《可笑的女才子》演出之前，即使我对它持有最恶劣的见解，现在我也相信它有相当价值，因为有很多人同声夸它。"① 然而贵族集团却并没有放弃对莫里哀的报复。1666 年 10 月，他们勾结国王的房产总监拉塔邦先生，以扩建卢浮宫为由，在事先没有通知的情况下拆毁了小波旁剧院。不仅如此，他们还唆使布高尼府剧团趁机抢走莫里哀的演员。幸运的是，莫里哀剧团的演员们依然团结如初，路易十四也很快将帕莱·罗亚尔宫剧院颁给莫里哀使用。可怕的教训使莫里哀再次认清了贵族阶级的阴险与狡诈，但他没有害怕，也不愿退缩。自此以后，莫里哀便沿着《可笑的女才子》的方向，彻底走上了一条与贵族集团交战的道路。

一场恶战

1662 年 2 月 20 日，莫里哀与年仅二十岁的阿尔曼达·贝扎尔小姐在圣日耳曼·德奥克塞鲁阿教堂举行了婚礼。阿尔曼达小姐是莫里哀的故友玛德莱娜·贝扎尔女士的妹妹，她的年龄比莫里哀小了将近一半。结婚以后，莫里哀带着年轻的妻子搬到了黎世留大街上居住，并在这里继续进行戏剧创作和戏剧表演。

1662 年 12 月，沉寂一时的莫里哀推出了新的五幕喜剧——《妇人学堂》。这部剧作不论是在思想性上还是在艺术性上，都标志着莫里哀的喜剧创作进入了一个新的阶段。从内容上来看，《妇人学堂》批判的是以丈夫为绝对权威的封建道德。在剧中，男主角阿诺夫渴望把妻子阿妮斯培养成一个百依百顺的白痴。他不仅从小将她送入修道院，限制她的一举一动，更是不断地向她灌输宗教信条和"妻子日课"。然而，阿诺夫的计谋并没有得逞。待阿妮斯长大以后，她毅然逃离家庭，和心爱

---

① 加克索特. 莫里哀传[M]. 朱延生，译. 北京：中国戏剧出版社，1985：105.

的青年贺拉斯结婚了。通过对男主人公阿诺夫的批判与讽刺，莫里哀深刻揭露了夫权主义对人性的压抑和摧残。不仅如此，他还展现了宗教在维护封建道德方面的反动作用。阿诺夫企图借助宗教来控制妻子，计划失败后，他甚至搬出宗教报应论来恐吓阿妮斯。但不论怎样，阿妮斯都没有畏惧，她巧妙地应对着阿诺夫，并勇敢地追求心中所爱。通过对阿妮斯这一人物的塑造，莫里哀让人们看到了宗教和封建道德的虚伪。在此之前，法国戏剧史上还没有像《妇人学堂》这样如此鲜明反映社会问题的喜剧。"因此，《妇人学堂》开欧洲近代社会问题剧之先河，在法国和欧洲的戏剧史上，都具有划时代的意义。"①另一方面，从艺术性上看，《妇人学堂》也标志着莫里哀的艺术水平迈上了新的台阶。整个剧本共分为五幕，无论是时间还是地点都严格遵循"三一律"的规定。这在当时堪称法国古典主义喜剧创作的典范。此外，在剧中，莫里哀对阿诺夫的内心活动进行了入木三分的描写，塑造了生动鲜明的主人公性格，因此《妇人学堂》也可以视为是莫里哀性格喜剧的开端。

　　《妇人学堂》刚刚上演便得到观众们的喜爱，看戏的人如潮水般涌向剧院，门票收入甚至创下了新的历史纪录。但与此同时，它也给莫里哀惹来了不小的麻烦。贵族集团和教会势力再次向莫里哀发起猛烈进攻，他们不仅斥责《妇人学堂》"有伤风化、诋毁宗教"，更联合一些文人写文章辱骂莫里哀，损害他的名声。一

《伪君子》剧本

---

① 陈惇.莫里哀和他的喜剧[M].北京：北京出版社，1981：37.

些笃信宗教的人成了莫里哀新的敌人。此外，就连布高尼府剧团的演员们，出于对《妇人学堂》高票房的嫉妒，也开始表达对莫里哀的不满与愤懑。莫里哀敌人的队伍异常庞大，而莫里哀一方，似乎只有杰出的文艺理论家布瓦洛·戴普雷奥敢于替他发声。在1663年赠给莫里哀的诗句中，布瓦洛·戴普雷奥这样写道："莫里哀，别理会千百个才子的嫉妒，他们摆出轻蔑的态度，竟敢指责你最优秀的名著……任凭那些艳羡之徒去品头论足，他

莫里哀塑像

们枉然到处狂呼，说什么你取悦平庸之辈毫无益处，说什么你的诗剧毫不赏心悦目。你要是不怎么逗人欢笑，也许就不会叫他们如此厌恶。"①受到鼓舞后的莫里哀决定向敌人发起反击。借助戏剧舞台的便利，他于1663年6月创作并出演了《妇人学堂的批评》。在剧中，莫里哀把贵族集团对《妇人学堂》的批评意见收集起来，将提批评意见的人分为三种：第一种人的代表是毫无主见、傻里傻气的侯爵，只要听到别人说莫里哀的坏话，他就忍不住拍手叫好；第二种人的代表是假装正经、冒充高雅的克莉麦娜夫人，她装腔作势，说话令人费解；第三种人的代表是爱慕虚荣、假装公正的作家黎希达，他有着强烈的嫉妒心，同时又表现出十足的奴性。通过对这三类人的逐一讽刺，莫里哀嘲笑了那些批评者和辱骂者，揭露了他们的卑鄙、阴险和狡诈。

莫里哀的敌人们也并未放下武器。在《妇人学堂的批评》演出之后，

---

① 加克索特. 莫里哀传[M]. 朱延生，译. 北京：中国戏剧出版社，1986：163-164.

剧中"黎希达"的原型——德·维斯气愤不已，他马上推出了自己创作的剧本《赛林达，或〈妇人学堂〉真正的批评，或批评的批评》。这出所谓的喜剧结构混乱，语言乏味，而且，经过仔细审查之后，这出戏剧因为过于荒谬而未能上演。所以，它并没有给莫里哀带来多大的威胁。真正等待莫里哀的刁难还在后面。由于《妇人学堂的批评》中的"侯爵"形象与德·拉·费雅特公爵有些许相似之处，再加之上流社会的人们添油加醋的挑唆，费雅特公爵便对莫里哀恨之入骨，决意报复。有一天，费雅特公爵恰好在凡尔赛的回廊里遇见了莫里哀，他假装亲热地和他拥抱，却突然抓住莫里哀的头，将他的脸颊按在自己带尖儿的金属扣子上，莫里哀的脸颊被扎得鲜血直流。公爵本人的卑鄙举动显示出贵族集团阴险狭隘的面目。

尽管重返巴黎以后，莫里哀在政治上自觉拥护专制王权，在创作上向古典主义艺术方法看齐，但他并没有成为奴性十足、趋炎附势的文人，相反，他始终不忘同情和关怀底层人民。不论是创作《可笑的女才子》还是《妇人学堂》，他都主动站在民众的立场上，对贵族的虚伪和教会的反动给予猛烈的批评和讽刺。不仅如此，经过磨练，他的思想变得更加深邃，笔锋变得更加犀利。为了打压贵族们嚣张的气焰，国王路易十四亲自出面支持了莫里哀。他不仅邀请莫里哀到宫中演出《妇人学堂》，更赏赐给他年俸一千利弗尔，以此表示对这个喜剧作家的深深谢意。在国王的庇佑下，莫里哀的敌人们暂时有所收敛，这场由《妇人学堂》引发的恶战也终于告一段落。

全盛时期

带着脸颊上的伤痕，莫里哀满载荣耀地进入了1664年。5月份，国王路易十四准备在凡尔赛宫举行大规模的游园庆祝活动，莫里哀也为迎接这个盛大的节日昼夜不停地工作着。要为这样一个大型活动写一出怎样的剧本呢？莫里哀不禁陷入了沉思。倘若写一出歌功颂德、取悦众人的喜剧，结果当然是皆大欢喜，莫里哀本人也不必为此承担风险。但是，具有批判精神的莫里哀没有这样做，在揭穿了上流社会的丑恶嘴脸之后，莫里哀将讽刺的笔触伸向了贵族集团背后的坚固堡垒——教会。因此，在5月12日游园会结束的前一天，莫里哀演出了一个只完成了前三章的神秘的作品，名字叫《伪君子》。

《伪君子》是一部集中揭露宗教骗子的讽刺喜剧。剧中的落魄贵族达尔杜弗披着宗教外衣，冒充虔诚的"良心导师"，被富商奥尔恭当作圣人请回家中。然而，进入奥尔恭家不久，达尔杜弗就显现出了可恶的面目。他不仅每天吹毛求疵，大吃大喝，更是色迷心窍，试图勾引奥尔恭的女儿和妻子。最终，在奥尔恭妻子的计谋下，伪君子达尔杜弗终于摘下了假面具。一直蒙在鼓里的奥尔恭也看清了达尔杜弗的虚伪，准备将他赶出家门。谁料，伪装一撕破，达尔杜弗便露出了狰狞的嘴脸，他不仅霸占了奥尔恭一家的财产，更打算向国王告发奥尔恭的秘密，让他身陷囹圄。幸运的是，英明的国王看穿了达尔杜弗的把戏，当场逮捕了他，奥尔恭一家也终于摆脱了困境。

很明显，莫里哀在剧中刻画了一个作恶多端的骗子形象。这个社会的害群之马并非是普通人，而是一个看似虔诚的神职教士。在剧中，为了揭露达尔杜弗的罪恶，莫里哀不惜破除古典主义戏剧的惯例，在喜剧中添加了悲剧的因素，通过描写奥尔恭一家近乎家破人亡的悲剧结果，凸显出伪善宗教的危险与可怕。由此一来，莫里哀便借《伪君子》揭开了神圣教会的虚伪性和欺骗性。演出结束以后，剧场表面上看是死一般的沉寂，然而愤怒的情绪却在观演者之中如野草般疯长。拥护教会势力的王太后率先退出了凡尔赛宫，以此表示对莫里哀的抗议。随后，巴黎的大主教也亲自出面，十分坚决地请求国王禁演《伪君子》。不仅如此，教会还公然散布小册子，用最恶毒的语言咒骂莫里哀。在他们看来，莫里哀根本就不是人，而是恐怖的魔鬼。鉴于反对派的势力如此强大，路易十四不得不暂时禁演了《伪君子》，但他默许莫里哀在私下朗读和演出这个剧本。

反对派对莫里哀的疯狂攻击恰好从侧面表明了他们的心虚,这一点明眼人都看得很清楚。有一次,国王路易十四迷惑不解地问孔德亲王:"我不明白,为什么他们那样反对《伪君子》?《斯卡拉穆什》的内容要尖锐得多呢。"孔德亲王回答道:"那是因为《斯卡拉穆什》中作者讥笑的只是上天和宗教,对这些老爷们是无关紧要的;而莫里哀的《伪君子》戏里讥笑的正是他们本人,这就是为什么他们大发雷霆的原因,陛下!"① 由此可见,那些反对派对《伪君子》这个剧本的痛恨,恰恰证明了他们才是真正的伪君子。虽然《伪君子》遭到禁演,但这丝毫没有阻止它的传播。1664 年,莫里哀顶着巨大的压力完成了剧本的后两幕,并于 11 月在孔德亲王的私宅演出全剧。1667 年 8 月 5 日,在国王的口头应允下,《伪君子》得以在王宫剧场正式上演。可谁曾想,就在演出的第二天,由于国王率军出征,最高法院的院长利用代理国事的便利,再次下令禁演了《伪君子》。不仅如此,巴黎大主教还在教区贴出告示,严禁普通群众观看、传诵《伪君子》。接二连三的打压使莫里哀生了一场重病。1669 年 1 月,恢复健康后的莫里哀再次向路易十四上书,请求撤销对《伪君子》的禁令。这一次,他获得了成功。历经五年的艰苦抗争,《伪君子》终于在 1669 年 2 月 5 日得以正式公演。作为莫里哀最骄傲和最富战斗性的剧本,《伪君子》在首演的当天便创下了 2860 利弗尔的票房收入。空前的盛况让莫里哀在巴黎戏剧界名声大震,也使伪善的教会势力遭到了严重的打击。除了思想的深度之外,《伪君子》在艺术水平上也得到了极高的评价。莫里哀不但在剧中灵活使用了古典主义的"三一律",更是在情节设置和剧本结构上巧动脑筋。《伪君子》的第一幕第一场被歌德看作是"现存最伟大和最好的开场",第一幕的第四场亦是公认的有名场次。《伪君子》凭借杰出的思想与艺术成就赢得了世界的赞誉,它不仅可以看作是莫里哀最优秀的作品,亦可以代表当时

---

① 参见布尔加科夫.莫里哀传[M].臧传真等,译.天津:南开大学出版社,1985:163.

欧洲古典主义最高的喜剧成就。

此外，在《伪君子》被禁期间，莫里哀一方面向国王上书请求解禁，另一方面，他也不断尝试创作其他新的作品。1665年2月，莫里哀推出了《唐璜》；1666年，他又紧接着上演了《恨世者》。在这两部剧中，莫里哀再次将批判的矛头对准了封建贵族阶级。《唐璜》讽刺的是大贵族们仗势欺人、横行霸道的无耻行径，而《恨世者》则更进一步，将批评的矛头指向了整个贵族群体，揭露了他们的腐朽和堕落。不仅如此，1668年9月，莫里哀还专门演出了一部讽刺资产阶级拜金主义的喜剧——《悭吝人》（又名《吝啬鬼》）。剧中的主人公阿巴贡是一个爱财如命的守财奴，他想方设法地积攒钱财，即使牺牲儿女们的幸福也在所不惜。在这样一个极度扭曲的资产阶级家庭里，亲情、爱情已然化为泡沫，剩下的只有冰冷无情的金钱关系。在当时的法国，如此深刻地揭露资产阶级拜金主义的戏剧还不多见，而"阿巴贡"这个形象也因极具概括性而成为吝啬鬼、守财奴的代名词。

自1664年创作《伪君子》以来，直到1669年《伪君子》正式公演，尽管莫里哀在这五年里承受了难以想象的痛苦与折磨，然而，他在创作上却进入了全盛时期。在这一时期，莫里哀写出了一系列优秀的代表作，并与贵族、教会和资产阶级展开了激烈持久的战斗。不论敌人多么强大，莫里哀始终没有放弃斗争——他为平民而战，为正义而战，为真理而战。就像《恨世者》的终场所说的那样："我曾是奸计和背叛的牺牲品，将永远离开那害人的围墙，那地狱的深渊，那里道德沦丧，那里亲朋之间不是兄弟而是仇敌！我要到遥远的天涯海角，寻找能做一个诚实人的地方！"

鞠躬尽瘁

由于长期投身于创作，莫里哀的健康受到了很大的损害。自1659年起，他患上了严重的肺病。多少次，被病痛折磨的莫里哀险些走进鬼门关，但他又一次次以顽强的毅力战胜了病魔。1673年初，莫里哀的病情已经相当严重，身边的医生和朋友都劝他好好休养，停止登台演出。但是，视戏剧如生命的莫里哀断然拒绝了。对于莫里哀而言，他从青年时期便开始从事戏剧演出，已经三十余年了。多年的艰苦磨砺使他成长为一个成熟的艺术家，他愿意将自己的一生奉献给戏剧事业。因此，1673年2月10日，莫里哀带病写下了他的最后一个剧本《无病呻吟》。在该剧中，莫里哀讽刺了人们对死亡的恐惧，此外，他还对那些不学无术、自私自利、荒唐守旧的庸医进行了批判。2月17日，《无病呻吟》进行了第四场演出，莫里哀再次扮演男主角阿尔冈。这一天，莫里哀明显感觉到了病情的恶化，他无比伤感地对妻子阿尔曼达和学生巴朗说："我的一生里有快乐也有痛苦，但是，我始终感到自己是幸福的。今天，我却感到那么难受，恐怕是不久于人世了。"[①]阿尔曼达和巴朗听到这话非常惊讶，他们紧张地劝莫里哀放弃登台演出，等身体养好以后再作打算。但是，固执的莫里哀再次摇头拒绝了，他说："这有什么办法呢？剧团里有五十个工人等着当天的工资来维持生活，我不去演戏，他们怎么办呢？只要我还能工作，一天不给他们面包，我就于心不安！"[②]说罢他就动身前往剧场了。

　　下午四点，演出正式开始。凭借精湛的演技和出色的剧情，莫里哀得到了观众们的阵阵喝彩。但是，表演到大学士向医学院宣誓的场景时，莫里哀突然痛苦地呻吟了一声，险些摔倒在安乐椅上。看到这一幕，台上的演员都非常惊慌，不知所措。莫里哀也注意到了大家的异样，因此他用力挺起身来，大笑一声叫道："我宣誓！"才将刚刚的失误遮掩过去。演出结束以后，莫里哀累得脸色发白，直皱眉头，学生巴朗不得不让人用轿椅将他抬回了家中。回家之后，莫里哀躺在床上安静休息。但没过

---

① 陈惇. 莫里哀和他的喜剧[M]. 北京：北京出版社，1981：91.
② 陈惇. 莫里哀和他的喜剧[M]. 北京：北京出版社，1981：93.

多久，他便剧烈地咳嗽起来，后来，鲜血不断地从他嘴里涌出，止都止不住。令人痛心的是，演出结束后还不到三小时，这位剧作家便永远闭上了他那双炯炯有神、目光犀利的眼睛。

莫里哀去世以后，按照当时教会的规定，由于莫里哀生前从事的是社会地位不高的职业，他死前也并没有向教会做出应有的忏悔，因此，他没有资格安葬在教会的墓地中。没有一个神父肯将莫里哀的遗体送到墓地，也没有一处墓地愿意接受莫里哀的遗体。出于无奈，莫里哀的妻子阿尔曼达只能向国王寻求帮助。在国王的安排下，教会终于同意将莫里哀的遗体埋葬在公墓围墙外面，但同时也提出了极为苛刻的要求：安葬不能采用任何仪仗，主持安葬的神父不能超过两人，不可以在白天出殡，而且不论是在哪个教堂，都不能为莫里哀举行隆重的祷告仪式。然而，教会的百般刁难并没有阻挡人们为莫里哀送行的决心。2月21日晚上9点钟，莫里哀出殡的时间到了，两百多人自发地聚集在莫里哀住宅附近，举着蜡烛和火把为伟大的剧作家送行。不仅如此，悼念莫里哀的文章也很快在巴黎的大街小巷流传开来。莫里哀以这样独特的方式，永远活在了人们的心中。

莫里哀活着的时候，布瓦洛曾劝他放弃扮演丑角的行当，这样便有机会当选院士，获得文人的最高荣誉，但莫里哀婉言谢绝了他。对莫里哀来讲，优厚的报酬和尊贵的荣誉都算不了什么，唯有舞台才能带给他无与伦比的愉悦和激情。法兰西学士院在莫里哀生前拒绝承认他的功绩，然而莫里哀死后，随着他的声誉在全世界范围内越来越高，学士院也不得不在大厅里为他立了一尊雕像，雕像底座上刻着这样的题词："就他的光荣而论，并没有缺少什么；就我们的光荣而论，倒是缺少了他。"①

从青年离家到晚年病逝，莫里哀将人生最宝贵的三十余年毫无保留地献给了喜剧事业。他为喜剧而生，为喜剧而死，真正做到了鞠躬尽

---

① 参见陈惇.莫里哀和他的喜剧[M].北京：北京出版社，1981：96.

瘁，死而后已。令人佩服的是，莫里哀创作了那么多脍炙人口的优秀作品，却没有丝毫的骄傲和满足，他曾对自己的好友布瓦洛感慨道："我的作品什么也没有给予我，我一生当中没有写出任何一部哪怕能给我带来一点点满足的作品。"[1] 这是何等的谦卑啊！这位伟大的作家不会知道，多少年后，他的作品早已传遍了世界各地，影响了一代代诸如普希金、果戈里那样伟大的文豪；他也不会知道，为了纪念他的功绩，法国自1996年起将每年4月作为莫里哀戏剧月，在全国各地上演有关他的作品；他更不会知道，在1919年中国爆发五四运动之后，他的代表作《伪君子》《悭吝人》等都被翻译成中文，并陆续搬上中国的舞台演出。1963年，中国著名作家李健吾先生将莫里哀的部分喜剧辑译成册，取名为《莫里哀喜剧六种》正式出版。莫里哀已经成为最受中国读者欢迎的外国作家之一。

"莫里哀是不朽的！"[2] 这是国王路易十四在听到莫里哀逝世的消息时发表的评论。莫里哀的经典作品固然不朽，传递出的喜剧精神更是流传千古，影响千秋万代。莫里哀总是强调喜剧要用笑来打击恶，在令人欢笑的同时带给人们些许思考与启迪。作为十七世纪最杰出的喜剧家，莫里哀坚持用幽默风趣的喜剧语言撕下那个时代和社会最丑陋的外衣，他让我们相信，伟大的喜剧往往蕴含着悲剧的内核，而这内核就是一个喜剧作家的良心。

（撰稿：刘殊）

---

[1] 布尔加科夫. 莫里哀传[M]. 臧传真等, 译. 天津：南开大学出版社, 1985: 217.
[2] 布尔加科夫. 莫里哀传[M]. 臧传真等, 译. 天津：南开大学出版社, 1985: 7.

参考文献

布尔加科夫. 莫里哀传 [M]. 臧传真等, 译. 天津：南开大学出版社, 1985.

陈惇. 莫里哀和他的喜剧 [M]. 北京：北京出版社, 1981.

加克索特. 莫里哀传 [M]. 朱延生, 译. 北京：中国戏剧出版社, 1986.

莫里哀. 莫里哀喜剧选 [M]. 赵少侯等, 译. 北京：人民文学出版社, 1959.

莫里哀. 莫里哀喜剧六种 [M]. 李健吾, 译. 上海：上海译文出版社, 2008.

歌 德

美因河畔的法兰克福,曾是德国历史上无数皇帝加冕的地方。如今这里是德国的经济中心,高楼大厦鳞次栉比,市中心的商业大街汇聚了来自各国商界的精英人才。离市中心不远的鹿沟大街上,一座装潢精致的别墅里游人如织,这座别墅就是世界大文豪约翰·沃尔夫冈·冯·歌德的故居,歌德在这里度过了自己的少年时光。

歌德一生大部分的时间都生活在德国魏玛,但是法兰克福作为歌德的故乡,为歌德幼年时期的成长提供了良好的环境,在歌德的脑海中留下了深刻的印象。歌德在《歌德自传——诗与真》中,详细描写了他在法兰克福度过的幸福时光:"我最爱在美因河的大桥上漫步。它的长度、坚固和美观,使它成为惹人注目的建筑物;往代官吏为市民谋福利的德政也差不多只留下这道桥作为纪念物。那上下流的美丽的河水映入我的眼帘;当大桥十字架上的金色风信机在阳光中闪耀的时候,我总产生一种愉快之感。然后我惯常散步到萨克森豪一转,好舒服地花一个'克罗采'(辅币名)

来享受摆渡过河的乐趣。"①由此可见，法兰克福是歌德的艺术故乡和精神家园，在他活灵活现的描述中，读者也仿佛被他带到了他温暖的家乡。

歌德不仅是文学巨匠，而且是法兰克福市议员的儿子，又是魏玛公国的枢密院顾问，交织的多重身份造就了歌德的鲜明个性。年轻时候的歌德高举浪漫主义的旗帜，追求个性解放，希望建造一个精神自由的文学世界，他积极投身到"狂飙突进运动"中，一部《少年维特之烦恼》也将这场运动推向顶峰。进入中年的歌德放弃了对浪漫主义的追求，联手作家席勒，将对现实生活的感受熔铸于古典主义的题材之中，高扬起德国古典主义的旗帜。晚年的他没有安于自己已有的名誉和成果，而是继续伏案思索着人生的意义，逝世前一年，他完成了传世经典《浮士德》。此书与荷马的《荷马史诗》、但丁的《神曲》、莎士比亚的《哈姆莱特》被并称为欧洲文学的四大名著。正如恩格斯所说，"歌德是站在奥林匹斯山上的宙斯"②，他带给后世巨大的精神财富。

歌德故居博物馆（德国法兰克福）

---

① 歌德.歌德自传——诗与真：上册[M].刘思慕，译.北京：人民文学出版社，1983：10-11.
② 蔡申.西方文化述要——认识你自己[M].西安：西安交通大学出版社，2015：148.

天才少年

1749年8月28日，歌德出生在德国西部美因河畔的法兰克福，他出生时呼吸微弱，险些夭折，经过抢救后终于顺利存活下来，在第二天受洗时，他被取名为约翰·沃尔夫冈·歌德。

歌德的父亲卡斯帕尔是一名法学博士，曾任皇家参议。母亲伊丽莎白是当时的市长特克斯托尔的女儿。歌德的父亲在家总是板着一副面孔，严厉而寡言，母亲却性格温柔，对歌德十分宠爱，她喜欢把小歌德放在膝盖上，用生动的语言给歌德讲述有趣的故事。歌德从小就受到了文学和艺术气息的熏染，可以说，他在文学方面取得的伟大成就与母亲的影响是分不开的。歌德的父亲反对歌德研究文学，而他的母亲却经常与他讨论创作，并给予他评价和鼓励，母亲是他的"第一个读者"。青年时期的歌德时常在自己的书房里进行沉思与文学创作。书房的陈设简单，最为醒目的就是一张斜面桌。在这张桌子上，歌德孕育出了早期作品《少年维特之烦恼》和《浮士德》的初稿。

优渥的家庭环境使歌德从小就受到了良好的家庭教育，他在幼年时期就已经展现出过人的学习天赋。在家庭教师的教育下，8岁的歌德能阅读英文、德文、意大利文、法文、拉丁文、希腊文等多种文字的书籍，10岁时开始阅读荷马、伊索和维吉尔等人的作品。此外，他在绘画、语言和修辞学等方面都表现出了超越同龄孩子的热情和天赋。

1759年，法国军队占领了法兰克福。法国军队的占领为法兰克福人民带来伤痛的同时，也为这片土地带来了法国戏剧文化。外祖父由于高贵的市长身份，常常收到免费的法国戏票。格外疼爱外孙的他，为歌德提供了很多亲身感受法国戏剧魅力的机会，歌德因此能够近距离欣赏到莫里哀、狄德罗等人的戏剧。在感受了法国喜剧与悲剧的独特魅力之后，歌德又深入钻研法国戏剧理论，阅读拉辛、高乃依等人的著作，为歌德以后的创作奠定了坚定的文学基础。

1761年，随着法国军队从法兰克福撤兵，歌德也恢复了正常的学习生活。在少年时期，由于优越的家庭环境，他得到了与许多上层人物交往的机会，这其中不乏歌德父亲的朋友。歌德并不因为与他们的年龄和身份上的差距而感到怯懦，反而大胆地与他们交流。据歌德在《歌德自传——诗与真》中讲，相比于同龄人，他更喜欢和父亲的朋友来往，虚心接受他们的指导和建议，主动学习他们身上的优点。这其中就有一位是当时的皇家顾问官、优秀的法学家——许世根先生。在与歌德的交流中，许世根发现歌德的身上拥有智慧的灵光、成熟的想法以及新颖的思考问题角度，而这些因素对于成为一名优秀的法学家都是至关重要的。于是他便向歌德的父亲建议，要把歌德培养成为一名法学家。后来，歌德在《歌德自传——诗与真》中表达了少年时期对关心与照顾自己的长辈们的感激之情，同时也提到自己一直以来的梦想是成为一位真正的诗人："以我而论，我也常以干出非凡的事业自期；可是，它是什么事业呢，我却不清楚。正如世人多想及他将会得到的报酬，而少想及他应立的功绩那样，我也不否认，当我想及一种值得希冀的幸福时，对我最有吸引力的，就是能够戴上装饰诗人的桂冠。"①

　　歌德16岁的时候，父亲将他送入莱比锡大学学习法律。虽然不能学习自己喜欢的戏剧和文学专业，但离开家乡的歌德也呼吸到了更多自由的空气。不同于法兰克福，莱比锡更加繁华美丽，这里有数不尽的舞会、派对。初入大学校园的歌德就像一只迷失在草原的小羔羊一样，迷失在这花花世界中。他几乎每天都要参加聚会、音乐会，俨然成了一个放飞自我的公子哥。但是没过多久，他就从这些只能带来肤浅愉悦的活动中清醒过来，与朋友一起四处拜访名人，继续钻研文学与戏剧创作。可以说，在莱比锡的光阴渐渐让歌德的艺术之路明晰起来。然而，歌德的身体却在此时出现了问题。1768年8月的一天，他突然吐血。由于病情严重，

---

① 歌德.歌德自传——诗与真：上册[M].刘思慕，译.北京：人民文学出版社，1983：159.

他不得不中断在莱比锡大学的学习，回家养病。在家人的悉心照顾和朋友、恩师的鼓励下，时隔一年半，歌德基本恢复健康，于是他再度离开家，前往斯特拉斯堡，继续踏上学习的路途。

歌德牢记父亲对他的期望和教诲，回到学校后，他丝毫未耽误自己的学业，顺利通过了法学博士所有课程的考试。歌德并不甘于写出一篇普通的学位论文，他以独特的视角和思维方式去观察、思考问题，创作出了一篇主题新颖的法学论文——《论立法者》。然而由于文章涉及立法与宗教信仰之间的关系问题，导师们一致将这篇文章视为"危险的论文"。尽管如此，在答辩时，歌德所展现出的优秀的法学知识素养和对于国家立法问题的思考，依然使得在场的法学院院长和教授们深深折服。虽然歌德的学位论文在当时未能公开发表，但他已经赢得了学院中教授前辈们的肯定，院长还称他为"奇怪的学生"。

故居正门

官场一梦

由于父亲一直期待着歌德能从事一份稳定的律师工作，于是本想从事文书工作的歌德不得不放弃自己的理想职业。他在23岁时加入了法兰克福当地的律师协会，做起了法兰克福犹太人的辩护律师工作。进入律师协会后不久，歌德又到韦茨拉尔德意志最高法院学习。然而天生的诗人气质让他时常在法庭上陈述辩护词时不注重逻辑，不够理性，他总是用夸张的表情和戏剧性的语言进行演说，这让法官感到可笑与反感，影响了歌德在律师工作上的进展，他逐渐意识到自己并不适合担任律师工作。于是歌德便利用闲暇时间继续着自己所热爱的文学创作。与此同时，德国文学史上著名的"狂飙突进运动"爆发了，这也吸引着歌德回到他热爱的文学创作中去。在创作出剧本《铁手骑士葛兹·冯·伯里欣根》和传世名著《少年维特之烦恼》后，歌德一跃成为当时德国家喻户晓的大人物，而这也为他带来了仕途上的曙光。

1775年，歌德受到当时年仅18岁的魏玛公国卡尔·奥古斯特公爵的邀请，来到魏玛市进行访问。魏玛市是萨克森－魏玛公国（后成为大公国）的首府，然而萨克森－魏玛公国作为当时德意志民族神圣罗马帝国中最小的邦国，人口仅11万，每年的国库收入仅仅相当于当时法国一名地主的年收入。并且，由于执政者错误的经济策略，国家连年入不敷出，债台高筑。作为首府的魏玛市并没有给初次到访的歌德留下很好的印象。在之后陪同奥古斯特公爵游玩的过程中，歌德也在对魏玛公国的政治情况进行着观察和思考，他决定要在这片土地上一试身手，改变当时魏玛一潭死水般的政治局面，将公爵辅佐成一位政治大人物，也借此实现自己的政治理想。很快，歌德凭借着独有的政治头脑和非凡的个人魅力迅速征服了公爵及宫廷中许多人。1776年，歌德便以公爵私人顾问的身份，作为枢密参事正式参与到魏玛国政中，随后正式成为枢密顾问官。

由于心存伟大的政治抱负，歌德在工作中表现出极大的热情：伊尔姆河和萨勒河泛滥，歌德亲自前往处理水灾，之后又将废弃了40年的伊尔梅瑙矿区予以重建，恢复了铜矿和银矿的开采，并设立了专门的矿业部门。1777年前后，歌德先后担任军备大臣和筑路大臣，主管魏玛城市建设的工作。他认真负责的工作态度和竭力为魏玛人民奉献的精神，赢得了宫廷中许多大臣和公爵的高度赞扬。在歌德30岁时，公爵提拔他为国防大臣和公共事务大臣。1782年，公爵为歌德申请到了贵族称号，又将其提拔为财政大臣，主管公爵及各大臣的预算支出。至此，歌德成为当时魏玛公国内大权独揽、极具政治影响力的人物，他的政治理想逐渐照进现实。

然而，如此厚爱歌德、为他提供了广阔政治平台的公爵，在国家结盟问题上却与其产生了分歧。歌德多次到魏玛市周边的村落进行考察，百姓贫困、饥饿以及普鲁士军队欺压平民百姓的惨景触目皆是，他对百姓产生了深切的同情。于是，他对公爵提出了与周边其他小邦国结盟，一同对抗奥地利和普鲁士的想法和军事策略，但是软弱保守、根深蒂固的魏玛公国政治传统却使得公爵完全不认同歌德的想法。歌德认识到改变这一局面是极其困难的，但他又不想向与自己相悖的政治主张妥协，这深深困扰着歌德。

同时，魏玛公国国内存在着不合理的封建土地制度，使得国内许多田地荒芜，工业生产效率极低，民生问题十分严重。针对这一现象，歌德提出了发展生产、削减税收、减少军费支出的方案。1784年7月6日，歌德在伊尔梅瑙修订了魏玛税务法。但是，公爵对于歌德提出的一系列政治经济改革措施却不认同，而公爵一次次表示反对的态度，也使歌德感到在实现自己政治梦想的道路上越来越力不从心。歌德在魏玛生活的十余年中，公爵对他政治决定的一次次否决，使得他想要把卡尔·奥古斯特公爵塑造成为杰出君主的政治理想逐渐幻灭，他也逐渐意识到魏玛这片小土地并不能承载他的政治梦想。于是在一个风和日丽的午后，歌德向公爵告假，去意大利进行为期一年半的游历。旅行归来后，歌德终

书房一隅

于解开了一直以来缠绕在心头的政治枷锁，认清了自己真正热爱和适合自己的领域和方向。于是，歌德以"艺术家"的身份，向公爵申请重新安排自己的工作事务——分管文化艺术活动。至此，歌德与自己的政治抱负达成了和解，如释重负地脱下了政治家的外衣，拿起熟悉的笔杆，重回真正属于他的文学世界中去。

风流诗人

据统计，在歌德一生中，他交往过的异性约有19个，他的风流情史也常常是许多名人、作家或评论家谈论的焦点。在田汉、宗白华和郭沫若的通信集《三叶集》中，就收录过一篇田汉对歌德情感经历的戏谈："歌德自罗马归后，与他的第九个情人克里斯谛亚侣的恋爱也只是为了恋爱,遂不觉陷入 Schiller 所谓'堕落的交际'啊!"[①]许多学者认为,女人在歌德的文学创作上产生了重要影响,如果没有这些佳人的出现,歌德的文学创作将会缺少很多灵感。

1765年,在莱比锡学习法律的日子,歌德不仅加深了对艺术的热爱,也燃起了内心的爱情火种。由于常在舍恩科普夫酒家吃饭,歌德结识了舍恩科普夫酒家老板的女儿安娜·卡塔琳娜·苟科普,歌德叫她小安妮特。虽然由于年轻的歌德在爱情里执拗而冲动,导致这段纯真美好的爱情无疾而终,但是这一经历却使歌德创作出以安妮特命名的第一本诗集《安妮特》。1814年,歌德在返回故乡法兰克福的途中,结识了美丽女子玛丽安娜·冯·威利梅尔,温柔、体贴又富有才情的她赢得了歌德的喜爱,两人对于诗歌也有着相同的观点。歌德以玛丽安娜为原型,将一位美丽动人的波斯女子作为主人公,创作出抒情诗集《西东诗集》,这是歌德晚年最重要的作品之一。

说到女性对歌德创作的影响,就不得不提到使歌德最受文学界赞誉的世界名著《少年维特之烦恼》中的女主角绿蒂的原型——绿蒂·布弗。

1772年6月,歌德在舞会上结识了温柔聪慧的绿蒂·布弗,这是一位年方24岁,却一人照顾着十口之家的贤淑女孩。在复杂的家庭背景与沉重的负担之下,绿蒂·布弗依然如同向阳花般灵动。歌德被她深深吸引着,很快就爱上了这个女孩。他热情地邀请她跳舞,与之交谈,并在第二天专门到绿蒂家中进行拜访。歌德善于言谈,加上他总有着讲不完的精彩的小故事,很快得到了绿蒂的弟弟妹妹们的欢心。接下来,他成了绿蒂家的常客。然而这样的日子并未维持多久,就在歌德如往日一般到绿蒂家拜访时,绿蒂年轻帅气的未婚夫克斯特纳出现在歌德眼前。克斯特纳幽默风趣、热情开朗,对歌德也尊敬有加,三人很快成了好朋友。对绿蒂有很深感情的歌德,每每看到绿蒂和克斯特纳两人恩爱的场

---

① 宗白华,田汉,郭沫若.三叶集[M].合肥:安徽教育出版社,2006:45.

景时，内心都无比挣扎，于是歌德狠下心来决定离开他们。在歌德离开两人后不久，绿蒂与克斯特纳步入了婚姻殿堂。与此同时，一位好友自杀身亡的消息传入歌德的耳中，在了解到好友与自己在爱情上处于同样困境，然而他却选择以自杀的方式来解脱现世的烦恼时，歌德陷入了深深的沉思和悲痛中。心爱的女子另嫁他人，好友骤然离世，面对接连的打击，歌德将心中的苦闷和悲痛化为创作的动力，创作出他的第二部作品——《少年维特之烦恼》，作品一经问世便引起整个文学界的轰动。

作品的大热使得好奇的读者开始关心起作品主人公的原型来，这也给克斯特纳夫妇的生活带来了不少麻烦，一度使得两人与歌德的关系陷入僵局。最终，克斯特纳夫妇念在往日旧情的份上谅解了歌德的行为，三人和好如初。在此之后，歌德还特意写下一首爱情诗《绿蒂与维特》作为《少年维特之烦恼》的卷首诗："青年男子谁不善钟情？妙龄女人谁不善怀春？这是人性中的至洁至纯。为什么从此中有惨痛飞迸？可爱的读者哟，你哭他，你爱他，请从非毁之前救起他的声名；请看他出穴的精魂在向你目语：做个堂堂男子，不要步我后尘。"①

说到爱情诗，就不得不提歌德为之写过最多情诗的施泰因夫人。夏绿蒂·冯·施泰因夫人是歌德在魏玛公国任职时结识的一位优雅女性。她比歌德年长七岁，外貌虽然不出众，却能歌善舞，善于鉴赏诗歌。并且，不同于之前的女友们给歌德带来的充满生机却幼稚单纯的爱情体验，施泰因夫人带来的是更加沉稳、更加静谧、更加和谐、更加散发着成熟与魅力的爱情。然而这位年长的夫人当时已经是一位有夫之妇。积聚在歌德内心炽热的情感使得他创作出了一系列优美动人的情诗，其中以《你为何赋予我们慧眼》和《对月》最为著名：

你了解我的性格的每一个特征／你听出我心弦的最纯的声音／任何凡人的肉眼都难以看透我／而你，却一眼就能够看得

---

① 黎华.世界爱情诗选[M].南昌：江西人民出版社，1986：49.

分明／你给我的热血滴注清凉剂／你指引我脱离狂乱的迷途／躺在你那天使一般的怀中／我的破碎了的心会获得康复／你像使魔术一样把他拴住／让他糊涂地混过好些日子／有什么幸福可比那欢乐的良辰／那时，他躺在你的脚边，满怀谢意／感到他的心紧靠你的心而振奋／感到他自己在你的眼前而愉快／他的一切感官都豁然开朗／使他的沸腾的热血平静下来。①

你又将迷蒙的青辉／洒满这幽谷林丛／你终于将我的灵魂／完全地解脱消融／你将抚慰的目光／照临我的园庭／就像友人的青眼／关注我的命运／我的心儿感觉着／乐时忧时的回响／我在苦与乐之间／寂寞孤独地徜徉……不论是在冬夜里／你汹涌地泛滥激涨／还是在阳春时节／你迂回地流进花畦／幸福啊，谁能／离开尘世无所怨恨／谁能拥着一位知己／能和他共同分享／那人所不知的／人所不解的乐趣／作长夜的漫游／在

童真浪漫的故居花园

---

① 歌德.歌德名诗精选[M].钱春绮，译.西安：太白文艺出版社，1997：130-131.

胸中的迷宫里。①

后来，歌德在忙于魏玛剧院的事务中时，又结识了一位新的女友——科罗娜·施洛特。这是一位歌德在大学时代就已经熟知的女演员，与科罗娜在戏剧表演上的默契配合以及共鸣，激起了歌德对眼前这位美丽女子的强烈好感。施泰因夫人发现歌德对科罗娜的爱慕后，十分不满，后来，施泰因夫人根据和歌德的这一段经历创作

歌德画像

了一部悲剧《狄多》，以此来讥讽、嘲骂歌德。歌德也在两人之间举棋不定，最终他斩断与两人的情丝，踏上了游历意大利的旅途。

1788 年，在意大利游历一年半后，歌德再次回到魏玛公国。有一天，当歌德在魏玛公园中散步时，一位名叫克里斯蒂娜·伍尔皮乌丝的年轻少女，拿着她哥哥的求助信，向歌德走来。这位 23 岁的少女衣着简朴，外貌并不出众，靠在制花厂工作养家糊口，但是她身上的朝气却深深地吸引了歌德。歌德积极地向克里斯蒂娜的哥哥提供了帮助，并热情邀请克里斯蒂娜到自己的花园洋房做客。这位声名远扬、博学多识的大人物的不凡气质也使得少女怦然心动。之后，她便成为歌德在魏玛花园洋房的常客。随着来往频率的增加和感情的升温，两人同居了。家喻户晓的大人物歌德与克里斯蒂娜的绯闻很快就传遍了整个魏玛。不仅许多歌德的忠实读者无法接受自己心中的偶像与如此平庸的女子相恋、同居，魏玛宫廷上流贵族圈中为歌德倾心的女子，也同样无法接受自己爱慕的人身边出现这样一位出身低贱的绯闻对象。

一时间，克里斯蒂娜成为众矢之的，歌德甚至被贴上"自甘堕落"

---

① 歌德.迷娘曲[M].杨武能，译.石家庄：河北教育出版社，2015：111-113.

的标签，民众诽谤和谩骂的声音接连不断地向两人汹涌袭来。但当时克里斯蒂娜已怀有身孕，歌德顶着舆论的压力，与她组建了家庭。在1789年的12月，克里斯蒂娜为当时40岁的歌德顺利生下儿子奥古斯特。美好的爱情激发了歌德的创作灵感，生活在温馨的家庭里，歌德又创作出了许多优美的爱情诗，如《清晨的悲叹》《探望》《罗马哀歌》《威尼斯警句诗》等。在歌德与克里斯蒂娜热恋的几年中，歌德经常为之画像，其中许多作品至今都保存在歌德博物馆中。不幸的是，1816年，克里斯蒂娜因身患重病离开了人世。

广结良友

歌德一生结交了许多挚友，其中既有像赫尔德这样的德国先驱思想家，也有歌德在大学时期结交的许多志同道合的朋友，这些朋友对歌德产生了重要影响。歌德租住在就读学校斯特拉斯堡附近的公寓里时，结识了一位益友弗朗茨·勒泽。他敏锐机灵，为人又真诚正直，在与他的交流中，歌德感受到了他独特的说话技巧和个人魅力。在随后的文学创作中，歌德就以这位好友为原型创作出了在当时的戏剧界轰动一时的剧本《铁手骑士葛兹·冯·伯里欣根》。

歌德与音乐家贝多芬之间的故事也广为流传。一日，歌德与贝多芬一起散步，回来的路上遇到了一群皇室成员。远远看见他们时，歌德就松开了贝多芬的手臂，弯着腰恭敬地站在路边，手里拿着帽子，直到皇室成员经过。贝多芬却不以为然，依然昂首挺胸，目不斜视地走过去。事后，贝多芬还对歌德的做法感到十分愤怒和失望。这个故事来源于贝蒂娜·冯·阿尔尼姆在1839年出版的三封据称是贝多芬写给她的信件。据历史所载，这两位声名远扬的大家，在1812年初次会面交谈之后，的确未能保持良好的友谊，其中的原因也在学界引发了多角度的分析和研究。

歌德一生中对他影响最大的朋友，也是他的生死之交，即弗里德里希·席勒。

1794年7月20日，在耶拿大自然爱好者协会上的碰面，是歌德与席勒第一次深入的交谈。两人在此之前也有过交集，但由于社会地位悬殊，他们并没有擦出友谊的火花。在这次交谈中，虽然两人由于哲学观点不同展开了激烈的辩论，但是他们在艺术理论上的观点却惊人的一致。两人如同磁铁的两极一般，深深地吸引着彼此。从此之后，歌德与席勒建立了深厚的友谊，席勒为了邀请歌德为自己的新刊物撰稿，特意离开耶拿前往歌德在魏玛的家中拜访。在两人朝夕相处的这14天里，他们互相切磋，交流观点，共同协商将《季节女神》刊物拟定为宣传文学主张、发表文学作品和挖掘潜力新人的根据地。从此，德国文学史迎来了歌德和席勒强强联手的全新局面，德国文学进入古典文学时期，鲜为人知的德国最小公国首府魏玛一跃成了德国古典文学运动的中心。

1795年5月，《季节女神》杂志的第一期顺利出版了，其中收录了歌德的《罗马哀歌》《文学上的无短裤主义》《德意志流亡者谈话录》以及席勒的美学著作《美育书简》和《论素朴的诗和感伤的诗》等。同时为刊物撰稿的还有后来成为文化名人的费希特、洪堡特、施莱格尔等。虽然刊物在当时的德国只能小范围发行，但这让歌德与席勒一起度过了一段美好的时光，两人不仅收获了被后世传为佳话的真挚友谊，而且在交流探讨中，两人的文学创作也取得了一定的成绩。歌德在席勒的督促和鼓励下创作出《威廉·迈斯特的学习时代》和叙事诗《赫尔曼和窦绿苔》；歌德在出游瑞士寻找灵感归来后，向席勒提供了自己在旅行途中收获的文学素材，帮助其创作出《威廉·退尔》这一重要戏剧作品，歌德曾经说过，"席勒是天生的戏剧家。他每写一个剧本便前进一步，并且日臻完美"。①

歌德邀请席勒出任魏玛宫廷剧院的领导监管工作，两人有了更多

---

① 艾克曼.歌德谈话录[M].杨武能，译.成都：四川文艺出版社，2008：122.

故居内景

近距离接触的机会,双方取长补短,讨论剧本的修改和剧院的改造问题。席勒的许多优秀戏剧作品也在此时被搬上舞台。即使是席勒不算精致的处女作,歌德也给予它高度的赞美:"要知道,不管它们多么粗鲁,在我看来仍比时下咱们那几位剧作家软弱虚夸、矫揉造作的本子好一千倍。席勒的作品可是永远洋溢着崇高的精神、宏大的气魄。"①

歌德、席勒使魏玛这座小城市散发出耀眼的光芒,然而命运似乎要将两人刻意捉弄一番,就在他们为繁荣德国文学的发展尽心竭力时,两人却双双病倒。歌德遭受着剧烈心绞痛的折磨,而席勒却患上一种慢性肺病。不幸的事情终于发生了,1805 年,年仅 46 岁的席勒永远地告别了这片他深爱的土地。歌德在席勒病逝后也因伤心过度,病情加重而转入萨勒河畔的温泉疗养院进行治疗,他在给友人的信中写道:"我失去了席勒,也失去了我生命的一半。"②

文坛巨匠

我们看到,歌德在长达 60 多年的创作生涯中,一次次将脑海中瞬间的灵感闪电般化作理性的精神之光,把自我生命燃作不朽成就,照亮云霄。诚如歌德所言:"在我遇有幸运,心情愉快的时候,我的诗才的火

---

① 艾克曼.歌德谈话录[M].杨武能,译.成都:四川文艺出版社,2008:122.
② 李秋实.历史圈·德国故事[M].太原:山西教育出版社,2015:89.

焰非常微弱；相反的，当我被灾祸胁迫时，诗的火焰炎炎燃烧。——优美的诗文，像彩虹一样只在雨后阴暗的地方出现。"①托马斯·卡莱尔曾在《歌德之死》中评价道："太阳所展示的是万物的实体，这位世界诗人则是万物才智的眼睛和展示者。"歌德的陵墓上，是他早就为自己写就的墓志铭："少年时孤僻而倔强，青年时狂妄而固执，壮年时敢做又敢为，老年时轻率而怪诞！要这样，你的碑上便可刻着：一个真正的人在此安息！"②

海涅认为："歌德的诗歌有一种不可思议的魔力，这是无法言传的，那和谐的诗句像一个温柔的情人一样缠住你的心；当它的思想吻你的时候，它的词句就拥抱着你。"③文学成了歌德智慧的结晶，静态的字符在他的笔下也变成活跃的精灵。歌德既是德国文学史上的泰斗，也是伟大的民族诗人，更是十八世纪后期和十九世纪初期德国启蒙运动的主要代表。他一生的努力，化作无数优秀的诗歌、戏剧和小说，将德国文学推

歌德的生活空间

---

① 叔本华.叔本华论文集[M].陈晓南，译.天津：百花文艺出版社，1987：52.
② 周红英.歌德：从多情少年炼就世界文豪[M].北京：中国社会出版社，2012：192.
③ 海涅.海涅选集[M].张玉书，编选.北京：人民文学出版社，1983：319.

向了顶峰，发出他所生活的时代的最强音，震动着整个欧洲和世界。

依据歌德文学作品的风格，可将其创作分为三个时期：狂飙突进文学运动时期、古典文学时期和晚年时期。

歌德早年在参与"狂飙突进运动"时，曾发表了三部重要作品：诗剧片段《普罗米修斯》、戏剧《铁手骑士葛兹·冯·伯利欣根》和自传体书信小说《少年维特之烦恼》。三部作品的接连问世如同投入湖面的巨石，一次次激起德国文坛乃至世界文坛的浪花。它们在使歌德一举成名并跻身世界级作家行列的同时，也推动了当时的浪漫主义运动。尤其是《少年维特之烦恼》在当时的世界各国掀起了一阵"维特热"的狂潮，青年书迷们纷纷模仿书中主人公维特的穿衣打扮和言谈举止，上身穿着蓝色燕尾服或黄色背心，脚上穿着高筒靴，说话也要模仿维特的语气，俨然一副维特的样子，并视之为时髦。《少年维特之烦恼》诞生于尚处封建社会时期的德国，当时，人们的欲望受到压制，个性得不到释放，青年们彷徨、迷茫、感伤，精神空虚。"维特"正好成为一个青年代表，他叛逆而大胆地发出了自己的声音，渴求着爱与自由。主人公作为渴望摆脱时代束缚的勇敢者形象，被誉为"钉在十字架上的普罗米修斯"[①]，成为世界文学中的典型形象。作品在当时也遭到了众多批评家和教会的反对，其中最大的反对声来自于教会。教会认为这是一本"淫书"，写尽了人的情欲，以至于当时许多青年纷纷模仿书中主人公维特的举动，以开枪自杀的方式结束生命，有悖于人道主义。然而，禁售和反对的声音远远敌不过赞美的声浪，《少年维特之烦恼》很快被译成英、意、法、西等20多种文字，有些国家还出版了几种不同的译本。

歌德很快发现浪漫主义思潮太强调感性，他作品中的主人公维特结束生命的那声枪响，也成了歌德文学风格转向的先声。1786年，苦闷抑郁已久的他决心远离官场生活，前往意大利游历。在此期间，他参观

---

① 格尔茨.歌德传[M].伊德，赵其昌，任立，译.北京：商务印书馆，1982：60.

了许多古罗马时期的雕塑以及文艺复兴时期的绘画。歌德在意大利的游历也是促使他思想转变的一个重要节点:"他从此把狂飙突进时代的狂放不羁远远地抛在后面,回到了在认识上远比过去较深化的古典主义。他接受了文克尔曼的古典艺术'庄严的单纯和静穆的伟大'理想。"① 从此,歌德的创作风格由浪漫转为古典,由感性变成理性,将理想化作现实,联手作家席勒,开辟了德国古典文学的全盛时期,使魏玛迅速成为欧洲的文化中心。歌德这一时期的主要代表作有《亲和力》《威廉·迈斯特的漫游年代》和《西东合集》等。

在返回故乡法兰克福后,歌德经过长时间的努力写出了悲剧《浮士德》,轰动世界文坛,开创了德国繁盛的新古典主义时代。剧中的主人公浮士德一直追求人生挑战的精神也在后来被学界称为"浮士德精神",包含着"自强不息,追求真理"的精神含义。

雨果曾说:"世界上最宽阔的是海洋,比海洋更宽阔的是天空,比天空更宽阔的是人的胸怀。"② 歌德就是一位具有博大胸襟和长远眼光的艺术家,他一方面重视民族文学的发展,认为"一个杰出的民族作家,只能求之于民族"③;另一方面,他又不是狭隘的民族主义者,他曾提出"世界文学"的概念:"我愈来愈深信,诗是人类的共同财产……我们德国人如果不跳开周围环境的小圈子朝外面看一看,我们就会陷入上面所说的那种学究的昏头昏脑。所以我喜欢环视四周的外国民族情况,我也劝每个人都这样办。民族文学在现代算不了很大的一回事,世界文学的时代已快来临了。"④ 歌德提出的这一概念,"比马克思、恩格斯在《共产党宣言》里提出的这个名词恰恰早二十年。基本的区别在于歌德从唯心的普遍人性论出发,而马克思主义创始人则从经济和市场的观点出

---

① 朱光潜.西方美学史[M].北京:商务印书馆,2011:447-448.
② 郝任.哈佛公开课[M].北京:华夏出版社,2014:300.
③ 伍蠡甫.西方文论选:上卷[M].上海:上海译文出版社,1979:459.
④ 爱克曼.歌德谈话录[M].朱光潜,译.合肥:安徽教育出版社,2006:116-117.

故居餐厅

发"①。歌德反对民族仇恨,甚至对文学中的爱国主义也持否定意见,认为"并不存在爱国主义艺术和爱国主义科学这种东西。艺术和科学,跟一切伟大而美好的事物一样,都属于整个世界"②。歌德认为文学艺术是在民族的发展中产生的,但同时文学艺术带有超越某一民族的世界性的普遍价值,而这些价值最终是作用于人的,文学艺术是全人类共同的精神财富。歌德作品的广泛传播就证实了这一论断,他的作品被翻译成近50种语言,传遍世界的各个角落,成为世界精神文化宝库中的传世经典。

歌德被称为"魏玛的孔夫子",他对中国文化情有独钟,有着深厚的中国情结。虽然从未到达过东方古国,但是他对中国产生了美好的憧憬与想象:"彩瓦、窗棂、廊柱,都已被浓荫遮住;可无论向何处窥望,仍见我东方乐土……此时在那东方,该有朗朗的月光。秀发也似柳丝,

---

① 爱克曼.歌德谈话录[M].朱光潜,译.合肥:安徽教育出版社,2006:117.
② 蒋孔阳,朱立元.西方美学通史:第四卷[M].上海:上海文艺出版社,1999:544.

嬉戏在清溪上。柳荫随风摆动,月影轻盈跳动。透过人的眼帘,凉意沁人心田。"① 此外,他还专门研究过汉字,而且在依姆河畔的别墅花园里仿照中国的茅草屋搭建了一座房子。在参与设计建造魏玛公园时,他主张建造中国式的拱桥和凉亭。同时,他以全球性的眼光看出中国人与德国人在思想、行为和情感方面没有什么大的区别,都属于同类人,说"只是在他们那里一切都比我们这里更明朗,更纯洁,也更合乎道德。在他们那里一切都可以是理解的,平易近人的……他们还有一个特点,人和大自然是生活在一起的"②。

歌德的一生都与灵感缪斯相伴而行,生活中的爱情、友情感悟和旅途中的所见所闻带来的随想,都被他温柔地揉进诗作的字里行间和小说中每一个角色之中。哪一个心怀诗和远方的青年心中不住着一个维特?哪一个为爱所困的人没有在读过《对月》后潸然泪下?哪一个尘世中人没有经历过浮士德的困境?歌德在为世界创造精神王国的同时,也鼓舞着无数的诗人、作家发出属于自己时代的声音。如今,当夕阳向法兰克

故居博物馆标识牌

---

① 歌德.歌德名诗精选[M].杨武能,译.太原:北岳文艺出版社,2001:293-294.
② 爱克曼.歌德谈话录[M].朱光潜,译.合肥:安徽教育出版社,2006:115-116.

福城投来匆匆的一瞥，这位世界文豪的身影也若隐若现地出现在美因河畔，泛黄的阳光下，他依旧如当年聆听人们谈论浮士德博士的传说那般，平静而又温和地聆听着这个世界对他的称赞与怀念。

（撰稿：刘涛　张裔堃）

参考文献

艾克曼.歌德谈话录[M].杨武能，译.成都：四川文艺出版社，2008.

爱克曼.歌德谈话录[M].朱光潜，译.合肥：安徽教育出版社，2006.

蔡申.西方文化述要——认识你自己[M].西安：西安交通大学出版社，2015.

歌德.歌德自传——诗与真：上册[M].刘思慕，译.北京：人民文学出版社，1983.

歌德.歌德名诗精选[M].钱春绮，译.西安：太白文艺出版社，1997.

歌德.歌德名诗精选[M].杨武能，译.太原：北岳文艺出版社，2001.

歌德.迷娘曲[M].杨武能，译.石家庄：河北教育出版社，2015.

格尔茨.歌德传[M].伊德，赵其昌，任立，译.北京：商务印书馆，1982.

海涅.海涅选集[M].张玉书，编选.北京：人民文学出版社，1983.

郝任.哈佛公开课[M].北京：华夏出版社，2014.

蒋孔阳，朱立元.西方美学通史：第四卷[M].上海：上海文艺出版社，1999.

黎华. 世界爱情诗选 [M]. 南昌：江西人民出版社，1986.

李秋实. 历史圈·德国故事 [M]. 太原：山西教育出版社，2015.

马克思，恩格斯. 马克思恩格斯全集：第四卷 [M]. 北京：人民出版社，2014.

叔本华. 叔本华论文集 [M]. 陈晓南，译. 天津：百花文艺出版社，1987.

伍蠡甫. 西方文论选：上卷 [M]. 上海：上海译文出版社，1979.

袁志英. 歌德情感录：歌德和他的妻子 [M]. 上海：上海书店出版社，2014.

周红英. 歌德：从多情少年炼就世界文豪 [M]. 北京：中国社会出版社，2012.

朱光潜. 西方美学史 [M]. 北京：商务印书馆，2015.

宗白华，田汉，郭沫若. 三叶集 [M]. 合肥：安徽教育出版社，2006.

席　勒

在德国埃特斯山脚下，有一座历史文化名城——魏玛。这座小城因歌德与席勒两位大家而享誉世界。在魏玛埃斯普兰纳德街（很多人也称其为席勒大街）旁，有一幢通体黄色的三层小楼，这就是席勒故居。房子的色调就像它的主人一样，给人以温暖的感觉。故居的窗户开着，像是在迎接从世界各地赶来的游览者，向他们诉说房子主人短暂而又辉煌的一生。

1799 年 12 月，弗里德里希·席勒一家离开耶拿，迁往魏玛，并在这里度过了生命中最后的六年。刚到魏玛的时候，席勒一家住在"风之巷"的住所，那里设施简陋，生活条件也不乐观。随着席勒剧作的成功，剧院争着要他的剧作，出版社付给他丰厚的报酬，他逐渐没有了缺钱的困扰。为了改善生活条件，席勒在 1802 年买下埃斯普兰纳德街上一幢巴洛克风格的小楼：一楼是厨房和仆人房；二楼是卧室，供席勒夫妇和孩子们居住；三楼是席勒的书房和工作室。如今，在三楼靠窗的书桌上还摆放着席勒曾经用过的羽毛笔、墨水瓶、镇纸、纸剪、烛台和鼻烟壶。在此居住三年后，席勒恋恋不舍地永别了他深爱的家人、朋友与又爱又恨的祖国。1847年，魏玛市政府买下了这幢房子，以供世界各地游客前来瞻仰。

魏玛曾是德国文化的心脏，被人们赞誉为德国的雅典，席勒曾在这里创作出很多不朽的文学作品，剧本《墨西拿的新娘》和《威廉·退尔》就是在这里完成的。席勒的足迹，无疑为魏玛的历史增添了浓墨重彩的一笔。如今世界各地的人们络绎不绝地来到魏玛，在魏玛国家剧院广场上望着席勒与歌德并肩而立的塑像，感受着这两位文化名人的伟大友谊。他们踏入席勒故居，探寻旧日的时光，领略这位德国十八世纪著名剧作家、历史学家、美学家和诗人，同时也是德国启蒙文学的代表人物和德国文学史上著名的"狂飙突进运动"代表人物的风采。席勒的人生虽短暂，却一直在战斗，他在一次次战斗中换来了一次次辉煌的胜利，为我们留下了卷帙浩繁、思想深邃、内容丰富的传世佳作。

成长奠基：童年时期与卡尔岁月

约翰·克里斯托夫·弗里德里希·冯·席勒于1759年11月10日出生在内卡河畔的马尔巴赫。就在席勒出生的这一年，父亲约翰·卡斯帕尔升为少尉，到1761年又被提拔为上尉。1763年之前，他们的住所随着军队驻防地的变换而不断改变，一家都过着居无定所的生活。1763年，父亲被任命为招兵军官，工作地点在施韦比施格明德。为了节省生活开支，一家人搬到了临近的村子洛尔赫，这里是席勒儿时的天堂，日后席勒曾不止一次地回忆起这个地方。

雷姆斯河畔的洛尔赫景色优美迷人，而且历史悠久，民风淳朴。雷姆斯河的潺潺细流蜿蜒流淌，长满水杉的山丘上绿意盎然，小教堂和修道院宁静肃穆。这里还保存有霍亨斯陶芬的陵墓，充满宗教气息和骑士精神的氛围给小席勒留下深刻的印象。当地有一个虔诚而有教养的教堂牧师名叫莫泽尔，他对小席勒产生了巨大的影响，唤起了小席勒心中当神职人员的愿望，以至于在日后席勒写作《强盗》时，还为莫泽尔留有一席之地。在那部戏剧中，莫泽尔被塑造为一个无畏的牧师形象。席勒一家在洛尔赫安稳地住了三年之后，随着父亲工作的调动，又举家搬到了路德维希堡。

路德维希堡后来成为欧洲洛可可艺术中心，这里极尽奢华，每一个角落都带有宫廷世界的印记，这给儿时的席勒带来了不小的震撼。席勒在这里与戏剧结缘，第一次观看了歌剧与话剧演出。在看了几场戏剧演出后，小席勒开始有模有样地表演起自己编写的小折子戏。此时小席勒还在拉丁语学校学习，准备报考蒂宾根神学院，打算当新教教士，做一名布道者。然而，他的愿望被卡尔·欧根公爵下达的一道不可否决的命令完全打破。

1773年1月16日，因为卡尔·欧根公爵的一道命令，席勒被送往索利图德的卡尔学校（1770年卡尔·欧根公爵在斯图加特附近的索利图德成立了军事孤儿养成所，这里1771年扩展为军事养成所，1773年成为公爵的军事学院），开始了他长达七年的"卡尔岁月"。

在这座公爵的军事学院，人的行为时刻都要受到约束和监管。席勒生活中需要遵守"三原则"，即顺从、纪律和竞赛。"顺从"是要求学生

席勒故居（德国魏玛）

着装颜色统一、作息时间固定；"纪律"则表现在学生触犯顺从的规则之后的惩罚上，如果犯了错，学生就会面临禁止外出、禁止吃饭、鞭打和关禁闭等惩罚措施。最初的几年里有时因为衣着不整洁，有时因为外出煮咖啡，有时因为私下阅读时下流行的文学作品等，席勒受到惩罚是常有的事，他内心的反抗情绪也与日俱增。至于竞赛这一原则，则是公爵为了刺激学生们的虚荣心采取的手段——设立公开奖励。席

故居正门

勒在1776年之前一直得不到表彰，直到转入医学专业（1775年11月，卡尔学校迁到斯图加特并新设医学系）情况才有所好转。在卡尔学校期间，他开始尝试诗歌和戏剧创作。

席勒的文学引路人很多，莱辛、歌德、莎士比亚、哥斯滕贝格等都曾对他产生过一定影响，但最初要属克洛普施托克的作用最大。在当时的德国，克洛普施托克的颂歌《春天的庆典》可谓妇孺皆知，诗中的奇特幻想影响着年轻的席勒，从1776年席勒正式发表的第一首诗歌《傍晚》中就可以找到《春天的庆典》的痕迹，从他1777年发表的《征服者》中又可以看到克洛普施托克《救世主》的影子。多年之后当席勒再次回忆起克洛普施托克时，仍将青年时代的梦幻归功于他："青年人总是渴望超越生命，逃避各种形式，觉得任何界线都过于逼仄，于是满怀爱和

乐趣，沉湎于这个诗人给他们敞开的无限空间里而不能自拔。"①

1776年，哲学教授雅各布·弗里德里希·阿贝尔来到卡尔学校任教，这位年仅二十一岁的教授培养了席勒哲学的素养和文学的鉴赏力。席勒对他感激一生，多年之后他将完成的《斐耶斯科》献给这位恩师。通过阿贝尔，席勒认识了沙夫茨伯利（英国哲学家、伦理学家、神学家）、休谟（英国哲学家、历史学家、经济学家）、弗格森（苏格兰哲学家、历史学家）和莎士比亚（英国戏剧家、诗人）。1776年12月14日，阿贝尔的那场关于天才的演讲给席勒留下了不可磨灭的印象。阿贝尔在演讲中控诉专制政体对天才发展的压制，重申"天才打破规则，为自己创造新规则"的口号。演讲的最后，阿贝尔宣告："请你们瞧一眼那里的一个年轻人，他独自一人四处游荡，憎恶你们的笑话，讥讽你们的快乐，仅把自己裹入自身，一个充满思想的世界在他灵活中活动，他就是个天才。"②阿贝尔仿佛有预见能力一般，指出众多的听众中就有一位天才，他就是席勒。席勒也由此喜欢上了哲学。

1777年秋，席勒开始认真对待他选择的医学专业，但他注重的并不是实际的医疗手段而是其理论背景。在那时，受启蒙主义和经验主义思维方式的影响，医学同哲学联系紧密。席勒第一次提交的博士毕业论文题目就是"生理学的哲学"。他的毕业论文总共提交了三次。1779年10月，席勒第一次递交《生理学的哲学》，这篇论文运用丰富的修辞，充斥着骄傲与自信，因此引起了克莱茵、罗伊斯等人的不满，从而否决了这篇论文，其后果是席勒又在卡尔学校待了一年。一年后，到了1780年11月，席勒递交了第二篇论文《论炎症发热和溃疡性发热的区别》，但因为专业方面的缺陷又被否决。几天后，席勒拿出第一篇论文的改写版《论人的动物本性与精神本性的联系》，终于被考试委员会通过，

---

① 萨弗兰斯基.席勒传[M].卫茂平,译.北京：人民文学出版社,2010：32.
② 萨弗兰斯基.席勒传[M].卫茂平,译.北京：人民文学出版社,2010：47.

同年被印出。至此，席勒结束了他的学生时代，结束了他在卡尔学校的岁月，12月15日，他被派到斯图加特的奥格掷弹兵团当军医。

特殊年份：1782 年与 1793 年

席勒的人生中有两个年份对他有重要意义：1782 年与 1793 年。

1782 年，对席勒来说是颠沛流离的一年。1月13日，席勒的剧作《强盗》在曼海姆首演，大获成功。作为剧作者，他想请假去看演出却未能被准假，只得溜出来前往曼海姆出席演出。4月份，修订版的《强盗》再次上演，席勒同样秘密到达曼海姆；6月份，席勒又偷偷去了趟库尔法尔茨。这些"秘密行动"传到了卡尔公爵的耳中，公爵大怒，他下令立即关席勒十四天的禁闭，并且当面训斥、警告他，如果席勒再写"滑稽戏一类的玩意儿"，就革去席勒的职务。席勒很是委屈，"在祖国，他当军医服苦役，在曼海姆，他是人人敬仰的诗人；在祖国，他必须苦于应付论文，在曼海姆，他是著名的剧作家；在祖国，他遇到的是阻碍，在曼海姆，他得到的是承认"。① 于是，席勒计划出逃。

他把自己的逃亡日子定在9月23日的夜晚。那晚斯图加特有盛大的节庆表演，夜空被烟火照得明亮，席勒在阵阵礼花声中离开了家乡。在曼海姆停留几日后，听说卡尔公爵要求引渡他这个"逃犯"，为了躲避危险，他在10月3日步行去往法兰克福。在法兰克福短暂地逗留后，他又返回曼海姆。10月13日，席勒在曼海姆的奥格斯海姆隐姓埋名地住下，度过了几星期的孤独生活后，又因为卡尔公爵施加的压力，于11月30日离开奥格斯海姆，途经沃尔姆斯、法兰克福、格尔恩豪森，于12月7日到达蒂宾根的鲍尔巴赫。在那里，他遇见让自己心动的女

---

① 雷曼.我们可怜的席勒：还你一个真实的席勒[M].刘海宁，译.北京：中央编译出版社，2007：65.

子，女子名叫夏洛特，二人于1790年完婚。因为1782年逃离故土的决定，导致了席勒长达十年的颠沛流离，他的人生也因此发生了重要的转变，但他不曾后悔。因为1782年的这一决定虽让他饱尝肉体之苦，却换来了精神上的自由，他的写作事业也因此得以坚持下来。

1793年，对席勒来说是故地重游的一年。这一年，由于父亲年迈，母亲有病在身，妻子也怀孕了，他希望自己的孩子可以在祖先的土地上出生，于是1793年8月1日，席勒与家人动身前往故土。8月初他们到了海尔布隆，席勒想要探听一下卡尔公爵的态度，看他是否让他们回去。直到8月底席勒才正式向公爵提出请求，但这时候公爵在莱茵河畔度假没有回应。迟迟等不来回应的席勒鼓起勇气，于9月8日"潜往"路德维希堡。9月14日，席勒的大儿子出生，他为自己的儿子取名为卡尔·弗里德里希·路德维希。11月，席勒回到母校卡尔高等学校，意外受到了热烈欢迎，这令他激动万分。他在故乡一直待到了第二年的5月，才依依不舍地同父母告别。1794年5月14日，他到达耶拿，在7月20日"自然研究会"会议后同歌德正式交谈，自此，他和歌德建立了友谊。

故居侧景

德国精神神话：席勒与歌德的友谊

席勒与歌德的相识其实要远远早于 1794 年在耶拿的会面。1779 年 11 月，在卡尔学校优秀学生的授奖典礼上，席勒第一次见到心目中的伟大诗人歌德。当时席勒就跪在卡尔公爵面前接受奖章和证书，他不敢正视站在公爵旁边的歌德。这是第一次，席勒与歌德相距如此之近。九年后，1788 年 9 月 6 日，歌德受邀到科赫堡封·施泰因夫人的庄园做客，这位夫人正好是席勒妻子夏洛特的教母。当时夏洛特也在施泰因夫人的家里，她特意邀请歌德与众人到鲁道尔施塔特游玩，在妻子的安排下，席勒在鲁道尔施塔特的伦格费尔家里见到了这位他崇拜的伟人。

虽然席勒在 9 月 7 日见到了歌德，但两人并未深入地交往。席勒在给朋友的一封信中说道："显然，因为人太多，大家都急切地想同他交往，以至于我无法同他单独说话或者同他说些与众不同的事。"① 其实，还有另一方面的原因，因为歌德认为席勒只有一部拿得出手的戏剧《强盗》，对席勒后来的成就不了解。可以说，歌德在那时也在有意识地回避席勒。

1794 年 5 月，席勒主编杂志《季节女神》，邀请歌德、康德、荷尔德林等人为其撰稿。席勒给歌德写了一封信，信中写道："这可不是一封写给和自己地位相同

席勒初识夏洛特

---

① 萨弗兰斯基. 席勒传[M]. 卫茂平, 译. 北京：人民文学出版社，2010：271.

的人的信,也不是一个著名的诗人写给另一个著名诗人的信,而是一个谦卑顺从的仆人写给一个德高望重、出身高贵的主人的信,而且还是一封乞求的信。"信的落款是"您顺从的仆人和真诚的崇拜者"。歌德答应了席勒的约稿,认为"同这么正直的人建立密切的联系肯定能激活在我身上已经陷入停顿的一些东西"①,也正如歌德所想,正是在与席勒交往后,歌德的文学创作进入了第二春。

1794年7月20日,歌德同席勒在耶拿"自然研究会"会议后的交谈,被歌德称为一件"幸运的事"。这是一场关于植物学的讲座,会后他们二人凑巧同时走出大门,于是开始了交谈。谈话进行得不算顺利,因为他们二人所持观点不同,免不了一番唇枪舌剑,好在双方都有所克制,最后还是在友好的气氛中结束了第一次长谈。两天后,他们再次见面,共进晚餐并愉快地交谈了很久。8月23日,席勒为歌德写下了那封著名的"生日贺信",在信中,席勒指出了歌德的精神实质。歌德也以动情的语句对此表示感谢:"您在这封信里以友谊之手,对我生存的总量进行估算,您用对我的关注,鼓励我更勤勉更活跃地运用自己的力量。"②9月4日,歌德邀请席勒来魏玛,席勒激动地接受了邀请,在魏玛歌德处做客14天。二人在之后开始了不断的书信往来和互访交流。

接下来的几年,两个人的合作不断加强。他们共同写作《克塞尼恩》,还比赛创作叙事歌谣,一起修改《论艺术浅薄的模式》等。歌德在耶拿的时候,几乎每天都会去拜访席勒,他"小心翼翼地注意着朋友的健康状况,也知道精神的工作和激动人心的谈话对朋友来说最为必要……他向他介绍自己每个新的想法,同他谈论自己的色彩学、小说和戏剧的基本法则"③。歌德知道席勒的身体需要锻炼,就鼓励席勒和他一起散步,

---

① 雷曼.我们可怜的席勒:还你一个真实的席勒[M].刘海宁,译.北京:中央编译出版社,2007:152.
② 萨弗兰斯基.席勒传[M].卫茂平,译.北京:人民文学出版社,2010:368.
③ 萨弗兰斯基.席勒传[M].卫茂平,译.北京:人民文学出版社,2010:423.

当时住在附近的人们常常看到他们两人在林荫小道上漫步，作为他们深厚友谊的见证，这场景日后被奉为佳话，广为流传。

　　1799年12月，席勒一家四口离开耶拿，迁往魏玛，他离好友歌德更近了。席勒在魏玛度过了自己最后的时光。不足六年的时间里，歌德与席勒的关系依旧亲密不减。席勒刚到魏玛的1799年末，歌德两次来信邀请席勒到家中做客。1799年的最后一天，歌德又到席勒家去邀请他一起庆祝新年，过后还表示感谢："昨天晚上和您在一起辞旧迎新，由于告别的是99年，所以送走的是一个世纪，我对此默默地由衷地感到高兴……"①歌德还在1801年创立了"星期三小聚会"，朋友们每隔两周看完戏剧演出后，在歌德家共进晚餐，之后大家围坐在歌德与席勒身边，唱歌、闲聊或朗诵。1802年，席勒在埃斯普兰纳德街买下一幢三层小楼，这里离歌德家也就几步路的距离。

　　时间又过了三年，1805年5月1日，席勒在去剧院的路上遇到了歌德。说了几句话后，歌德因为身体不适又折回家，谁都没想到这竟成了他们之间最后的一次见面。5月9日傍晚，席勒永别了家人和朋友。5月11日是席勒出殡的日子，歌德因病未能到场，所以他在8月10日另为席勒组织了一场追悼会，并在会上朗诵了席勒的名诗《大钟歌》。1827年，歌德辨认出散落在教堂墓地的席勒骸骨，将其安葬到魏玛的王家陵墓。三年后歌德去世，依照他的遗愿，歌德被安葬在席勒旁边，两位昔日挚友得以重逢。

　　魏玛剧院前有座雕塑：歌德与席勒并肩而立，歌德身穿宫廷服饰，右手握月桂花环；席勒身着普通便装，左手持一卷纸束。他们从1857年起就一直站在那里，向来往的游人们诉说着他们之间真挚的友谊。"他们并不是一见如故，原因就在于差距，以及这种差距在两颗敏感的心中

---

① 雷曼.我们可怜的席勒：还你一个真实的席勒[M].刘海宁,译.北京：中央编译出版社，2007：159.

引起的警惕。从种种迹象看，两人的推心置腹是在十八世纪九十年代中期。席勒命苦，只享受这份友情十年。歌德比席勒年长十岁，但在席勒死后又活了二十多年，承受了二十多年刺心的怀念。"①席勒与歌德把彼此视为最重要的朋友，友谊的碰撞带给他们文学创作上的累累硕果：席勒撰写了一系列经典戏剧作品，并在歌德的帮助下将它们搬上舞台；歌德借助席勒的影响，达到文学创作的第二次高峰。

德国文化巨人："四位一体"的创作者

席勒在戏剧、历史、美学和诗歌等方面都有着独特的建树，可谓"四位一体"的创作者，是德国的文化巨人。

首先，席勒是一位引领时代的剧作家。二十世纪德国"文学教皇"拉尼茨基推出"德国文学经典"系列丛书，将戏剧类分为八卷，收录作者24人、剧作44部，平均每人约1.8部，唯独席勒占6部之多。在拉尼茨基的眼中，"席勒该坐德语戏剧厅堂的头把交椅"②，事实也是如此。席勒有9部完整的名剧，除《威廉·退尔》为正剧或历史剧外，大部分可以划归为悲剧。他的悲剧又可以分为社会悲剧、政治悲剧、历史悲剧、命运悲剧和市民悲剧等。

席勒戏剧的处女作是有着社会悲剧之称的《强盗》。1778年还在卡尔学校时的席勒就已经构思写作《强盗》，他用了两年的时间，在1780年即21岁的时候，完成了这部剧作。因为卡尔学校严格的军事化管理，有关文艺创作的行动受到控制，席勒"总是夜里背着人在军事学院的病房里写，而且时时防备公爵来检查病房，不得不把稿纸藏在医药书籍里"③。1781年，席勒自费出版了《强盗》。1782年，这部剧在曼海姆首演，

---

① 余秋雨.行者无疆[M].武汉：长江文艺出版社，2013：117.
② 萨弗兰斯基.席勒传[M].卫茂平，译.北京：人民文学出版社，2010：1.
③ 董问樵.席勒[M].上海：复旦大学出版社，1984：118.

演出持续了五个小时,大获成功。《强盗》一剧从现实性上塑造了"卡尔"这一叛逆形象,表达了当时德国进步青年对封建专制的痛恨之情,激起了人们反抗专制、改造社会的热情;从艺术性上,《强盗》的剧本有着散文化的语言、富有激情的台词,席勒因此被称为"德国的莎士比亚"。虽然受到来自四面八方的赞誉,席勒却始终保持清醒,在1782年的《符腾堡文艺目录》中发表了对《强盗》的自我评价与自我批评,紧接着又开始了新的剧本创作。

1782年,席勒着手写《斐耶斯科》《露易丝·米勒林》和《唐·卡洛斯》。1783年4月,《斐耶斯科》发表,7月在波恩首演。1784年2月,席勒根据伊夫兰的建议将《露易丝·米勒林》改名为《阴谋与爱情》,并于3月出版,4月在曼海姆首演。1785年和1786年,《唐·卡洛斯》的第一幕、第二幕陆续发表,1787年,该剧正式在汉堡首演。1788年,席勒开始构思希腊风格的《马尔他骑士》,遗憾的是因席勒不断修改、重写,这部剧本直到他去世都未能完成。1791年,席勒计划写作《华伦斯坦》,其间又因为其他创作和疾病的困扰,到1798年8月《华伦斯坦》才完成。10月,《华伦斯坦的军营》在魏玛剧院首演;第二年4月,《华伦斯坦之死》也与观众见面,1800年作品正式出版。1800年9月,他开始创作《奥尔良的姑娘》,第二年4月完成。这一年他又开始创作多部剧本:《墨西拿的新娘》《瓦尔贝克》和《警察》。1803年1月,《墨西拿的新娘》完成,4月在魏玛首演,6月作品出版。1803年8月,席勒开始写作《威廉·退尔》。1804年3月,《威廉·退尔》在魏玛首演。1805年5月,在席勒去世的前几天,他还在笔耕不辍地写作《德米特利乌斯》。终其一生,席勒为人们留下了9部完整的剧作和2部残篇。可以说,他每一部上演的剧作,在剧院里都能引起剧烈的反响。

席勒非常重视剧本的舞台效果,不断加深自己对悲剧精神的理解。他通过剧作告诉世人,悲剧不仅能够唤起世人对痛苦的怜悯,而且能够使人成为英雄。这样对悲剧精神的诠释,某种程度上呼应了尼采的"日神精神"和"酒神精神",是此前不曾有过的。作为一个剧作家,他之

故居侧门

所以能够成为引领时代的人物，还在于他本人的与时俱进。《强盗》诞生于"狂飙突进运动"时期，全剧充斥着争取个人自由的气息，"歌颂一个向全社会公开宣战的豪侠的青年"（恩格斯语）。随着运动的结束，席勒也渐渐改变先前的激进风格，回归古典主义。在他最后的剧作《威廉·退尔》中，席勒的思想已由争取个人自由提升到争取人民自由的高度。

其次，席勒是充满理想主义激情的史学家。自1787年之后的五年多时间里，席勒专注于历史研究，并写出了一系列精彩的史学专著，如《尼德兰独立史》《三十年战争史》。1789年5月26日晚，席勒在耶拿大学作了一场历史学教授就职演讲，题目为"什么是普遍历史，为什么要研究普遍历史"，主张历史学研究的是普遍历史，并指出，历史的过程就是人成为人的过程，亦即理性发展的过程。

朋友克尔纳曾规劝席勒放弃历史研究，说历史对他的文学创作无益。克尔纳曾说过："作为作家，你拥有先于千万种事物的语言、艺术技巧和想象力，但作为一个写史人，你始终后于所有的事物，而它们是需要多年学习的。"我们虽然未见到席勒对此的回答，但可以从席勒在历史学教授就职的演讲结尾找到答案："发扬光大从先人继承下来的由真理、道德和自由组成的丰富的遗产，不遗余力地为这笔遗产做出我们的贡献，将它传给后世。"① 这也正是席勒想要从历史研究中得到的,他希望通过了解历史来收集剧本的素材和保持写作的激情,同时这份教职也能为他带来一笔收入。

1787年9月,席勒开始集中精力写《尼德兰独立史》。后又于1788年12月受聘到耶拿大学当历史学副教授,1789年5月发表就职演讲,1790年1月开始着手《三十年独立史》的写作。同年夏季,他开设了"从法兰西君主政体到弗里德里希二世的普遍历史"的课程,并作了《悲剧史》的讲座;在冬季又开设了"欧洲国家史"和"十字军东征史"的课程。

1789年5月26日晚,席勒在赖恩霍德的讲堂举行自己的就职演讲,其生动而又充满激情的演讲为后人所津津乐道。在讲堂内,席勒周围挤满了观众,大学生们紧紧地挤坐在地上,但他仍保持着镇定,开始给学生们讲如何区分"谋生的学者和怀着激情追求真理的哲学头脑",在说完"只有一个哲学的头脑才能领会普遍历史的研究意义和价值"后,他进入主题:"什么是普遍历史,为什么要研究普遍历史?"席勒的演讲洋溢着激情,他告诉听众要关注眼前的时代和整个民族的发展过程,这样就可以将自己从有局限的判断中解放出来,避免陷入史料之中,成为"狭隘的专家"。

1789年夏天,席勒还做了另一场名为"摩西的使命"的讲座,

歌德与席勒塑像

---

① 雷曼.我们可怜的席勒:还你一个真实的席勒[M].刘海宁,译.北京:中央编译出版社,2007: 118-119.

他揭示了希伯来人取得辉煌成就的宗教原因，告诉世人要去发现真理而不是去揭示真理，因为发现真理的过程是激动人心的，揭开真理后则会陷入空洞之中。《三十年战争史》是席勒第二部也是最后一部历史著作，1790年9月，他结束了《三十年战争史》前两篇的写作。这本书出版后几星期就卖了七千册，还多次加印，父亲写信告诉席勒，在斯图加特，人们都在读《三十年战争史》。1791年，席勒疾病缠身，他将所剩不多的时间重新投入到文学创作之中。

席勒还是一位美学家，人文主义理想在他的美学思想中展现得淋漓尽致。席勒美学家的身份，从他的博士论文《生理学的哲学》中就开始显现，这篇论文蕴含着生理的唯物主义和充满激情的爱的哲学。在1779年的这篇论文中，席勒从精神出发，提出一种"可以归结到上帝创世纪时的、统摄一切的形而上学的'爱'的哲学"，试图去揭示精神和物质、肉体和精神的相互作用。很遗憾，这篇论文只保存下来第一章《精神的生命》，该章讨论的是"从身体的刺激中如何产生出意识现实的现象"。在当时的医学界盛行一种"粗暴的身体物质主义"，席勒为此提出自己爱的哲学。也是从这篇论文开始，席勒"把爱当作宇宙力量的呼唤"，他提出，爱是"把赋予生机的原则引入身体世界的机器"，能够保证"在物质与精神之间有一个平滑的过渡"，是"一种真理的原则"，可以克服认知与被认知之间的二元论。①

席勒在阅读了康德的著作后，找到了从主观美到客观美的道路。席勒读的第一本康德的书是《判断力批判》。这是康德"三大批判"的最后一部，衔接着纯粹理性和实践理性，主要探讨艺术与美的问题。始终保持着问题意识的席勒，在阅读康德著作几周之后，就给朋友克尔纳写信，告诉他自己对美的理解越发透彻。他还告诉朋友自己发现了美的客观概念，这是康德尚未发展且持有怀疑态度的概念。

---

① 参见萨弗兰斯基.席勒传[M].卫茂平，译.北京：人民文学出版社，2010：71-72.

《论秀美与尊严》《论崇高》《论激情》等多篇作品，展现出席勒的美学思想与人文理想。《论秀美与尊严》是席勒表述其美学思想的开山之作，完成于1793年5月。这篇文章启迪了后世一大批年轻的天才人物，诸如谢林、荷尔德林、黑格尔等。在席勒这里，自由依旧保持着它独特的魅力，"自由既可以在道德的自我维护中，也同样可以在审美的游戏里欢庆胜利"，在这二者之间，"一边是人的精神天性展现尊严，另一边展示秀美"。①

1794年，席勒开始整理他写给封·奥古斯滕堡公爵的信，将其命名为《论人的审美教育书简》，先在《季节女神》杂志上发表，后于1795年出版。席勒的审美教育是指，"以审美对象、特别是将艺术作为手段，救治近代人类的人性分裂状态，培养和造就人性完整的人，感性与理性相统一的自由的人的一种教育方式，或者说，是一种把自然的人（感性的人）培养和造就为审美的人，然后成为道德的人（理性的人）或者自由的人的教育方式"。他的审美教育的目的是"使人性分裂的人，即感性与理性相分裂的人，通过美和崇高的审美对象及其艺术表现的传授和熏染，使得人类达到感性与理性相统一的审美自由境界，然后进入道德上自由状态的人"。②席勒还提出"游戏说"："只有当人在词的充分意义上是人的时候，他才游戏，只有当人游戏的时候，他才是完整的人。"③

1796年，席勒完成了《论素朴的诗与感伤的诗》，结束了其有关美学的系列论述。对席勒来说，素朴的诗是自然的、直接的，感伤的诗则是具有反思性的，素朴的诗是古代诗的形式，感伤的诗是现代诗的形式。在这篇文章中，他将一个世纪以来关于古代和现代的争论提升到一个新的高度，因而素朴与感伤又有了新的称谓：现实主义与浪漫主义。对于

---

① 参见萨弗兰斯基.席勒传[M].卫茂平，译.北京：人民文学出版社，2010：340.
② 参见张玉能.席勒的美学范畴体系与审美教育[J].美育学刊，2015（4）：9.
③ 萨弗兰斯基.席勒传[M].卫茂平，译.北京：人民文学出版社，2010：375.

席勒剧作《威廉·退尔》

诗最后应该如何发展,席勒有自己的想法,即素朴与感伤的中和,现实与浪漫的交融。席勒也将这种想法付诸自己的文学创作实践,比如《华伦斯坦》就是现实主义与浪漫主义的协作。《华伦斯坦》三部曲在创作背景与过程以及人物刻画上,都突出表现了现实主义与浪漫主义的统一。

席勒同时也是一位传播人性真理的伟大诗人。1776年10月,一首名为《傍晚》的诗歌出现在杂志上,那是席勒正式发表的第一首诗歌。次年3月,他又发表了《征服者》一诗。1779年,他创作了《国王的墓穴》和诗剧《塞默勒》。1782年2月,《记在我的死神老板名下》(《1782年诗选》)由席勒自费匿名出版,收录了席勒在1781年的大部分作品。1785年在新的友谊感染下,席勒创作了《欢乐颂》,1786年2月又创作出《激情的自由思想》和《断念》。1788年3月,他创作了《希腊的群像》,9月写出诗歌《艺术家》。1795年6月,中断了七年的诗歌创作大门被他再次开启,他写出了《生命之诗》,这一年7月到10月间,他创作了大量的作品:《舞蹈》《歌唱的力量》《理想和生活》《自然和训练》《轭下的飞马》《理想》《塞伊斯的蒙面神像》《妇女的尊严》《挽歌》。1796年9月,席勒出版了《1797年诗歌年刊》,收录了诗歌《赠辞》《克塞尼恩》《异国的姑娘》《庞贝和赫拉克勒斯》《五谷女神的悲叹》《世代》等。1797年6月，席勒开始创作叙事歌谣，在与歌德的比赛中完成了《潜水者》《手套》《波吕克拉忒斯的戒指》《托根堡骑士》《锻炼厂之行》等诗作。席勒在1798年创作的诗歌有《屠龙大战》《人质》《幸运》《依洛西斯》。1799年，他又写出了《期待》《大钟歌》《挽歌》等诗歌。

席勒一生的诗歌创作可以分为两个时期，以他同歌德的熟识为分水岭，在此之前他的诗歌风格倾向于抒发青年人的情感和表达他们的思想追求，在此之后他的创作则以叙事歌谣居多，具有戏剧性的情节和优美的语言。这两个时期，席勒都有代表性的作品，前期的代表作是家喻户晓的《欢乐颂》，后期是叙事歌谣的经典之作《大钟歌》。

1785年7月，席勒接受克尔纳等仰慕者的邀请，来到了博尔纳附近的卡恩斯多夫庄园里。这是席勒和克尔纳首次相见，日后席勒曾对克尔纳称那天为"神圣的时刻"，并连说三遍。到了秋天，席勒和克尔纳在葡萄种植园里再次相聚，举杯欢饮，红色葡萄酒在秋日的映照下欢腾奔涌，《欢乐颂》就是在这样的氛围中产生的，以后又由贝多芬谱曲，鼓舞着一代又一代的人。1791年，席勒从参观鲁多尔城的铸钟所之后

故居前大街

开始构思《大钟歌》。1797 年 7 月，他写信给歌德说："我现在着手写我的铸钟人之歌，我非常关心这首诗，但是要花费我好多星期，因为我为此要运用好些不同的情调，并要对一大堆材料加工……"歌德回信安慰道："矿石烧成液体的时间越长，矿渣提炼得越净，将来铸成的钟的声音就会越美。"[1] 1800 年，《大钟歌》发表在《文艺年鉴》上。全诗共 30 行，是席勒写得最长的一首诗，作品将钟的铸造过程、钟的功能以及市民的生活等三个部分交融为一体，在钟声中表现出秩序和祥和。曾有人这样评价这首诗："在任何一种语言中，我们都没有见到这样一首诗，它在如此狭小的题材内开辟了如此广阔的诗意天地，它包含了人的所有最深沉的感情，并完全是以诗歌的方式表现了人生中最重要的事件时期。它简直就是一部由自然界线划定范围的史诗。"[2]

结语

席勒离开人世已经二百余年了。在这两个多世纪里，席勒的作品和思想鼓舞着全世界不可胜数的读者，世界各地的人们都用不同的形式来纪念着他。席勒四十六岁离世让人惋惜，但他不平凡的一生却令人敬仰。他颠沛流离，四处为家，一生饱受磨难，却温柔地面对生活中的种种不易。从新婚那年起，席勒就开始与病魔抗争，之后的十余年他都是在忍痛写作。天才是可遇而不可求的，从十三岁那年的第一首德语诗开始，就注定了他的一生将与文学打交道；天才又是多才多艺的，在创作剧本、诗歌期间，他还对美学颇有研究，被称为"美育之父"；他在历史学方面也颇有造诣，对后世的历史研究颇有启迪。由此，席勒被称为诗人、剧作家、美学家、史学家，他留下的作品成为全人类共同的财富。时至今

---

[1] 董问樵.席勒[M].上海：复旦大学出版社，1984：83.
[2] 徐恒醇.席勒[M].昆明：云南教育出版社，2009：108.

日，他的作品仍然在世界文坛中占据重要的一席之地，他的思想仍然影响着一代又一代。他的生命虽然短暂，但他的精神永存！

（撰稿：李延）

参考文献

董问樵. 席勒 [M]. 上海：复旦大学出版社，1984.

雷曼. 我们可怜的席勒：还你一个真实的席勒 [M]. 刘海宁，译. 北京：中央编译出版社，2007.

萨弗兰斯基. 席勒传 [M]. 卫茂平，译. 北京：人民文学出版社，2010.

徐恒醇. 席勒 [M]. 昆明：云南教育出版社，2009.

余秋雨. 行者无疆 [M]. 武汉：长江文艺出版社，2013.

张玉能. 席勒的美学范畴体系与审美教育 [J]. 美育学刊，2015(4).

张玉书. 席勒：摧毁精神上巴士底狱的战士——纪念席勒逝世二百周年 [J]. 同济大学学报（社会科学版），2005(6).

格林兄弟

　　位于德国中部的黑森州，是德国历史上著名的文化圣地。这片广袤而神奇的土地不仅孕育出了歌德这样伟大的作家，也滋养出格林兄弟这样优秀的历史学家、语言学家、文学家。徜徉在距离歌德出生地法兰克福不远的施泰瑙小镇街头，处处可见格林兄弟昔日生活的痕迹。1791 年春，兄弟二人随家人一起搬至施泰瑙小镇，并在这里度过了快乐的童年。在施泰瑙居住的七年间，小镇梦幻般的居住环境以及格林一家其乐融融的和谐氛围，让格林兄弟二人得以在爱中自由成长。这承载格林兄弟斑斓的童年记忆的施泰瑙小镇，不仅是他们日后创作的灵感源泉，更是他们永远温暖的故乡。无论是小镇里随处可见的红白相间的巴洛克式建筑、主街道旁漂亮的木屋，还是古老梦幻的石头城堡，抑或一年一度的童话狂欢节，都足见这片奇幻土地的斑斓色彩。坐落在市政厅广场上的青蛙王子塑像，更成了当地最具代表性的地标，小镇也因此拥有"青蛙王子故乡"的美称，成为德国经典旅游线路"德国童话之旅"的重要一站。

　　格林兄弟指的是德国十九世纪著名的历史学家、语言学家，

格林兄弟故居（德国施泰瑙）

民间故事和古老传说的搜集者——雅各布·格林和威廉·格林两兄弟。哥哥雅各布·格林是严谨的史学家，弟弟威廉·格林文笔优美，兄弟二人相差一岁，经历相似，兴趣相近，因此一起合作研究语言学，搜集和整理民间童话与传说。在1812年圣诞前夕，这些来自民间的精彩故事集结成《儿童和家庭童话集》的第一卷，在柏林问世。此后的几十年间，格林兄弟不断补充故事，一再修订，共推出七个版次，包含两百多个故事。修订后的第七版成为在世界各国广泛流传的原著版本，至今已被译成一百六十多种语言，耳熟能详的《灰姑娘》《青蛙王子》《狼和七只小羊》《小红帽》《渔夫和他的妻子》《勇敢的小裁缝》《白雪公主》等童话故事都源于此。故事中"很久很久以前""他们从此快乐地生活在一起"等经典话语也成为一代又一代童话爱好者脑海中挥之不去的记忆。

　　正如施特劳斯所说："格林童话是献给人类永恒的音符……格林童话为全世界儿童所喜爱，格林兄弟超越了国界，他们是属于全人类的。"[1]

---

[1] 盖斯特涅尔.格林兄弟[M].刘逢祺，译.长沙：湖南人民出版社，1985：2.

2005年，联合国教科文组织把原名为"儿童与家庭童话集"的德语格林童话评选为世界文化遗产，称赞它是"欧洲和东方童话传统的划时代汇编作品"，同时还把它列入了联合国教科文组织的"世界记忆"项目，成为全人类共同的珍贵遗产，共同的不灭记忆。

在爱中奋力成长

1785年1月4日，雅各布·格林在哈瑙出生。一年之后，也就是1786年2月24日，弟弟威廉·格林出生。此后，格林家的人口不断增加，三个弟弟——卡尔、费尔季南德和以后成为著名画家的路德维希·埃米利，以及小妹妹洛塔相继来到这个家庭。这是一个有爱的中产阶级大家庭，深厚的历史文化底蕴、良好的家庭教育以及温馨亲密的家庭氛围，使得格林兄弟即使身处激变的动荡年代，依然可以在充满爱的家庭氛围里茁壮成长。

这个大家庭的历史渊源，最早可追溯至1650年，那时格林家族的祖先约翰·格林担任白马站驿站长一职，格林兄弟的曾祖父和祖父都是黑森州加尔文教教堂的牧师。他们的父亲菲利普·威廉·格林没有继承祖辈，从事宗教工作，而是选择了当时同样具有社会威望的司法职业，并与出身法学世家的多罗婕娅·齐麦尔结合，组建家庭。在哥哥雅各布六岁那年，因父亲的职位变动，全家人由哈瑙搬至施泰瑙小镇，住在小镇最好的一栋房子里。这个小镇周围群山环绕，金齐希河蜿蜒流过，放眼望去，小镇里尽是新奇的彩色木架结构的房屋，沿街小铺林立，面包店、铁匠铺、裁缝店等等一字排开。小的时候，兄弟俩最爱在家中的院子里嬉戏，赶一赶羊羔，看一看鸽子，逗一会儿家兔。此外，格林家附近的城堡、街道也别具一格，城堡梦幻而神秘，有石墙、壕沟、多角塔的装点，甚至还有缠绕着常春藤、如画一般的吊桥点缀其中。街道上的场景亦是多姿多彩，制鞍工匠、鞋匠、铁匠、裁缝、屠夫、织布工人等等都在辛勤劳动，这些劳动场景也在日后被格林兄弟写进书中。儿时的格林兄弟期盼着每个盛大节日的来临,长大以后兄弟俩还常回忆起家人过生日和圣诞节的场景:"在圣诞节前夕,孩子们焦急地等待着打开那间摆着装饰了圣诞枞树的房门,并且仔细地聆听大人们讲话。欢乐的铃声终于响了!房门打开了,一棵用金银苹果、核桃和一支支燃烧着的蜡烛装饰起来的圣诞树在屋里闪闪发光,交相辉映。为每一个人准备了一盘点心和糖果,为孩子们准备的则是玩具,而到处闪闪发光的纪念章是很不寻常的礼物。"①这些闪闪发光的美好回忆使格林兄弟一生与善良、温暖为伴,并且为兄弟二人从事童话创作埋下了伏笔。

然而,幸运之神也不总是眷顾这个大家庭,成长的考验在哥哥雅各布十一岁那年悄然来临。1796年新年伊始,格林兄弟的父亲突患肺炎离世,年仅四十五岁。父亲的离世使得孤儿寡母失去了经济来源,只好搬离宽敞明亮的行政长官公馆,一大家人挤在大桥门附近狭小的房子里。就在格林一家渐渐走出男主人离世的阴霾之际,死神又一次来到了格林的家里。精力充沛的什列麦尔姑姑原本一直在格林家帮忙操持家务,替孩子们的母亲分担了不少压力,可就在格林兄弟父亲去世的同年十二月,她也身患重病,随后去世。死亡在这一年的年初岁末带走了两位亲人,生活的重担一下子落到了母亲一人身上。兄弟二人久久沉浸在失去亲人的悲痛之中无法自拔,但面对日渐衰败的家境、辛苦操劳的母亲以及年幼的弟弟妹妹们,他们只得打起精神,帮助母亲分担重担。兄弟二人一夜长大,他们十分明白自己对弟弟妹妹担负的责任,并且以自身的实际行动为弟弟妹妹们做出了榜样。

1798年夏天,为了接受更好的教育,十三岁的雅各布和十二岁的威廉离开了母亲,离开了家乡,前往卡塞尔学习深造。从1798年至1802年,两个青年人一天学习十到十一个小时,从早到晚几乎没有休息时间,贪婪地吸收和掌握一切新知识。功夫不负有心人,他们只用了

---

① 盖斯特涅尔.格林兄弟[M].刘逢祺,译.长沙:湖南人民出版社,1985:9.

四年就完成了八年的中学课程。中学毕业后,二人顺利进入马尔堡大学。在大学深造期间,兄弟二人勤奋如旧。这种勤奋与坚韧的品质伴随了格林兄弟一生,正是有了这难能可贵的品质,格林兄弟的童话搜集与词典编纂工作才得以精益求精,于长久的积淀过后赢得了全世界的赞美之声。

时代的抉择

1789 年,法国大革命爆发,统治法国多个世纪的波旁王朝就此覆灭,其君主制度也面临土崩瓦解。1789 年至 1794 年间,法国经历了史诗性的巨变:过往的贵族和宗教特权不断受到自由主义政治组织和民众的冲击,旧的观念逐渐被全新的天赋人权、三权分立等民主思想替代。在法国大革命的激励下,欧洲各国的思想界都出现了不同程度的变化,这股革命的红色热潮很快波及德国。如恩格斯所言,法国革命"像霹雳一样击中了这个叫作德国的混乱世界"[①],给德国社会生活和社会思想

故居院落一隅

---

① 马克思,恩格斯. 马克思恩格斯全集: 第 2 卷 [M]. 中共中央马克思恩格斯列宁斯大林著作编译局,编译. 北京: 人民出版社, 2005: 635.

观念带来了巨大的变革，鼓舞了诸多青年政治家、思想家自发地革新社会。对这新旧交替的过渡时代，德国著名哲学家黑格尔曾有过十分精准的描述："精神已经跟他旧日的生活与观念世界决裂，正使旧日的一切葬入过去而着手进行他的自我改造……成长着的精神也是慢慢地静悄悄地向着它的新的形态发展，一块一块地拆除了它旧有的世界结构。"①这种新旧之差在文学上的体现尤其显著。在君主专制走向末路，民主思想逐步深入人心的大背景下，文学领域也逐步由古典主义向浪漫主义过渡。"在欧洲艺术的古典主义时代，人们把民间童话看作是不屑一顾的、口头创作的'低级'形式（'保姆的童话'）"②，而在格林兄弟生活的十九世纪初，浪漫主义文学开始兴盛，人们对民间童话的偏见逐渐消失，这也为格林兄弟从事童话整理与搜集工作提供了良好的条件。

故居小门

这是一个动荡的时代，政权随时会发生变化，一种秩序可能很快会被另一种秩序代替，但难能可贵的是格林兄弟对此始终保持着冷静和乐观的态度。面对新旧纷争，雅各布曾写道："人世的东西不断在毁灭，甚至最美好、最人道的东西也不能长存，——这一切都取决于上帝的意

---

① 黑格尔.精神现象学：上卷[M].贺麟，王玖兴，译.北京：商务印书馆，1979：7.
② 盖斯特涅尔.格林兄弟[M].刘逢棋，译.长沙：湖南人民出版社，1985：4.

志，同样根据上帝的意志，在肥沃的、施过肥的土壤上长出新的、也就是高尚的精神产物。所以悲伤与喜悦交替存在，不过喜悦毕竟是主要的。"①带着这样的心态，格林兄弟开始了民间童话整理工作，企图在慌乱的时代背景下保留过去的口头语言、风俗习惯与民间智慧。在童话集的序言中，格林兄弟二人阐明了童话整理工作的意义："当暴风雨或者老天爷送来的其他的灾难毁坏了所有的庄稼的时候，如果在长满由青草和矮小的灌木丛形成的茂盛篱笆的田界旁边哪怕有一小块空地还没有被破坏，而且在这里有几棵谷穗，我们认为这是幸运的。"②这几棵未被破坏，需要被以后长期呵护的谷穗指的正是远古的那些民歌和童话。

置身于兵荒马乱的时代，亲人离散、家园寥落总是在底层人民身上展现得淋漓尽致。现实的不公、生活的艰辛使得他们不得不背负着苦难，艰难前行，而此时童话的出现则为在水深火热中挣扎着的平民百姓提供了短暂的避难所。在幻想的世界里，他们的生活是自由、欢乐与光明的，在那里，他们不再是被压迫的对象，每个人只有拥有善良、正义、勤劳、勇敢等优秀品质才能收获幸福。可以说，童话是慰藉在现实生活中不得志的人最可口的一粒糖。

古典主义时代，人们对民间的童话嗤之以鼻，鲜有人关心童话的保存和研究工作，而在法国大革命催生出的浪漫主义时代里，格林兄弟却敏感地嗅到了时代更迭的气息，将遗落在民间、存在于说书人和无数童话爱好者记忆中的童话整理成书，用其一生来完善。过渡时代给予民间童话脱颖而出的舞台，再加上格林兄弟的辛苦付出，才使得《格林童话》成为"最畅销的德文作品"。

---

① 盖斯特涅尔.格林兄弟[M].刘逢祺，译.长沙：湖南人民出版社，1985：124.
② 盖斯特涅尔.格林兄弟[M].刘逢祺，译.长沙：湖南人民出版社，1985：78.

"最畅销的德文作品"

早在格林兄弟的童话集问世之前,浪漫主义的先驱者们就有过搜集民间童话并将其改编整理成集的经历:1697年,德国诗人沙尔利·佩罗不顾宫廷艺术提倡者对民间口头创作的藐视态度,出版了《鹅妈妈故事》童话集,尽管这个集子篇幅短小,只有八个故事,但在民间广泛流传的《小红帽》《睡美人》等经典故事都已收录在内。十八世纪后半叶,德国出现了第一批童话集出版热潮,其中以德国作家约翰·穆泽乌斯八卷本的《德国民间童话集》最具代表性。然而,直至格林兄弟版本的民间童话集问世,日耳曼民族的民间童话才得以获得世界范围内的广泛关注。

1812年,在这部童话集出版前夕,哥哥雅各布在写给朋友阿尔尼姆的信中谈到"将要出版一本珍贵而又有趣的书"①,"这些古代的童话对于整个诗歌史来说具有非常重要的意义"②,语气中足见对即将问世的童话集的信心。格林童话绝大多数来自民间的口口相传,因此,前期的搜集工作甚是琐碎繁杂,不过家乡黑森州却为他们提供了源源不断的灵感。卡塞尔药店家的女人们很会讲故事,兄弟二人在与女主人弗拉乌、药店主人女儿格列特亨、多尔特亨及女管家马丽娅奶奶的交谈中收获了《虱子和跳蚤》《和指头一样小的男孩》《小弟弟和小姐姐》《睡美人》等民间故事。此外,阿玛尼娅姐妹、萨维尼家的保姆、"马尔堡说书女人"以及黑森地区的诸多老年人,都毫无保留地将故事说给格林兄弟听。对于这些饱含民间智慧的故事,格林兄弟甚是珍惜,他们一方面保留了童话原本的情节,不破坏它的体系、结构和主人公的语言特点,另一方面,他们没有逐字逐句、机械地照搬从讲故事的人那里听到的东西,而是在

---

① 盖斯特涅尔.格林兄弟[M].刘逢祺,译.长沙:湖南人民出版社,1985:77.
② 盖斯特涅尔.格林兄弟[M].刘逢祺,译.长沙:湖南人民出版社,1985:77.

保持传说和故事基本框架的基础上,用热情洋溢而又简单朴素的语言形式赋予其新的生命力。

　　1812年圣诞节前后,格林兄弟用六年时间悉心打磨的童话集在柏林出版了,即《儿童和家庭童话集》。该书出版后,市场反应并不好,甚至有评论说它既想讨好学者,又想讨好儿童,结果是两头落空,并且这本书语言粗俗肮脏,故事短小无趣。尽管初版遭遇市场和评论界的双重否定,但格林兄弟并没有气馁。他们在别人意见的基础上对童话集进行了大幅修订,删去了一些不合适的篇目,对一些故事进行了合并,并在基本忠实故事原貌和主要特征的前提下,作了不少修饰润色,以适应新兴资产阶级家庭的阅读需求。1815年,《儿童和家庭童话集》第二卷出版。在书的序言部分,弟弟威廉阐述了出版的意义,尤其强调希望这本书能够成为一部好的、生动的儿童读物。对于一些读者认为书中出现魔鬼等内容,不适宜儿童阅读的观点,他并不认同:"在正确阅读的情况下,不会从童话中读到任何不好的东西;相反,按照恰当的说法,它会成为'我们的心声'……"

　　历史证明,格林兄弟是正确的。真正的童话应该在为孩子们构建奇幻世界的同时,也给予他们进入现实世界的勇气。这本在当时印数不多、

草坪上的青蛙铜像

故居外景

市场反响平平的童话书,也就是后来的《格林童话》,经过岁月的积淀,后来在世界范围内广为流传,产生了深远的影响。

童话巨匠的身后事

"极其细心和谨慎地对待自己民族(以及其他民族)丰富的民间口头创作,不但保留童话的内容、情节发展的方式和方向,故事的主旨,而且还保留它独特的语言形式"[①],是雅各布和威廉在出版童话的过程中一直以来遵循的共同原则。除了谨慎认真的态度,格林兄弟对细节的强调和关注也促成了《格林童话》的与众不同。尤其是哥哥雅各布对细节的执着更是在他每一部的著作中都能感受得到,他深信"全部令人愉快的事情正是在对细节进行从容不迫的和全面的叙述之中,然后才能够对自己的推论作出简单的总结……谁了解事情的细节,谁才能

---

① 盖斯特涅尔.格林兄弟[M].刘逢祺,译.长沙:湖南人民出版社,1985:5.

对这件事情说出某种有价值的东西"[1]。但令人心寒的是,这番良苦用心,却惨遭别有用心之人的利用。2000年前后,一股所谓"原版格林童话"的歪风席卷各大中文网站,一时间,诸如"集凶杀欺骗之大成的原版格林童话""还原血淋淋的原版格林童话""格林童话鲜血淋淋、充满凶杀欺骗和性暗示"的宣传标语不绝于耳。追溯其源头,不难发现流传的童话故事版本皆源于日本的《令人战栗的格林童话》。《令人战栗的格林童话》由女作家堤幸子和上田加代子合作完成,以桐生操为笔名出版,尽管保留"格林童话"的标签,却是再创作的行为,与真正的《格林童话》相差甚远。但部分书商却只顾牟取暴利,刻意抹去作家再创作的情况,冠之以"原版"的标签,此种行径对于《格林童话》这一世界优秀文化遗产的声誉造成了严重损害。这些嘈杂的恶声不仅给真正的《格林童话》蒙上了一层灰尘,更是对格林兄弟严谨态度和辛勤付出的抹煞。

  如此用心的诚意之作却因不法书商的恶意操作而蒙尘,这无疑给我们在保护真正的《格林童话》方面提供诸多的启示。《格林童话》在1903年经翻译家周桂笙的引介来到中国,一百多年来,在中国早已是家喻户晓,不论儿童还是成人皆对其中的故事烂熟于心。尤其是改革开放以后,在翻译家魏以新、杨能武等人的努力下,《格林童话》在中国已相继有近二十个版本出现。我们须精心呵护这全人类的共同文化遗产,方可无愧于格林兄弟两位童话巨匠对童话事业付出的良苦用心和巨大努力。

  除了扬名世界的《格林童话》,格林兄弟在语言学、文字学等领域的贡献亦是巨大的,兄弟二人通力合作的《德语语法》《德国神话》《论德国古代金石文字》《德语词典》至今都在语言文字领域有着巨大的影响力。他们凭借洞察事物本质的沉着气度与睿智思维,跨越国度、超越年代,给予当代人不竭的精神动力。

---

[1] 盖斯特涅尔.格林兄弟[M].刘逢祺,译.长沙:湖南人民出版社,1985:14.

结语

葱翠的丛林、奔腾的河流、浓郁的原始气息是黑森州的重要标签，在这样魔幻的地域风情作用下，该地民风淳朴粗犷，童话传说富饶多样。生于斯长于斯的格林兄弟从小就对这片土地的奇幻魔力具有超强感知力，森林、城堡、藤蔓、小巷、各类手艺杂铺，不仅勾连起格林兄弟二人的童年记忆，更成为来日童话上演的重要阵地。早在第一卷的《格林童话》中，故乡黑森州便充分发挥了它的妙用。故土养育出的一批批善讲故事的人为童话集子贡献了诸多奇幻故事，这些故事是日耳曼民族的宝藏，更是黑森州人民引以为傲的生活点滴。而这神秘的黑森州文化孕育出的璀璨小镇——施泰瑙，更是以它独有的风情长久地占据着格林兄弟童年记忆的高地。格林兄弟关于施泰瑙的回忆是金色的，在最初居住的这座贵族官邸中，格林一家或围坐炉火旁，或欢度佳节，或在果园、花园中嬉笑怒骂的团聚场景一直存在兄弟二人的脑海中，成为日后创作格林童话最原始的动力。他们关于施泰瑙的回忆又是灰色的，温馨的城堡生活随着父亲威廉·格林去世而宣告结束，和蔼的姑母也在一年之内离开这个大家庭，母亲和六个年幼的孩子不得不搬离这座梦幻的"城堡"，搬到了镇上一处极小的房子里，过着艰辛的生活。

从梦幻城堡到小镇一隅，从家人齐聚闲看炉火到亲人离散为生计奔波，从贵族跌落至底层，格林一家一直有爱相伴。在爱中成长的格林兄弟俩勤奋好学，将生活的磨砺转化为奋发向上的昂扬力量。在逆境中，兄弟二人凭借优异的成绩完成了学业，并继续将这份求学时代的热情致力于他们所钟爱的童话整理工作中。尽管格林兄弟生活的十九世纪处在新旧时代过渡的节点，时局动荡，纷争不断，但兄弟二人凭借着这一股奋斗的精神，于乱世中为德意志帝国献上了一部代表民间智慧的惊世之作。这部凝结格林兄弟一生心血的童话集以其鲜活的形象、梦幻的场景、灵动的语言为饱受磨难的日耳曼民族建构起一个完美的想象世界，在这个世界里，灰姑娘可以变成美丽高贵的公主，青蛙得到爱人的一枚香吻可以变回王子，底层的小裁缝可以凭借智慧迎娶国王的女儿……只要人勤劳、勇敢、聪慧，便可拥有美好的一切。这般美妙的幻想极大地抚慰了动荡年代人们受伤的心灵，成为平民阶层对抗困窘人生的一剂心灵良方。这种抚慰作用超越时代，以至于在今时今日依然受到广大读者的喜爱。

目前，德国童话之旅已成为德国旅游业的重要标签，这条由格林兄弟一生的足迹串联起的童话路线，让当代人充分领略了童话世界、感悟到童话精神。畅游这条童话大道，你可能遇见小红帽与大灰狼，可能碰上长发姑娘，可能邂逅睡美人的玫瑰城堡，也可能撞上狼与七只小羊……在这里，与童话相关的一切奇遇皆有可能发生。施泰瑙是格林童话大道的第二站，是格林兄弟童年成长的地方，亦是兄弟二人与童话结缘的重要阵地。小镇不仅依山傍水，文化底蕴也很深厚，红白木屋、石头城堡、临街小铺处处皆可成为童话世界的某一处场景。以施泰瑙为人生起点的格林兄弟，带着这"美好绮丽的童话"，最终走向了世界！

（撰稿：孟宁）

故居外景

参考文献

盖斯特涅尔.格林兄弟[M].刘逢祺,译.长沙:湖南人民出版社,1985.

黑格尔.精神现象学:上卷[M].贺麟,王玖兴,译.北京:商务印书馆,1979.

马克思,恩格斯.马克思恩格斯全集:第2卷[M].中共中央马克思恩格斯列宁斯大林著作编译局,编译.北京:人民出版社,2005.

拜 伦

英国诺丁汉市的远郊有一座著名的庄园——纽斯泰德庄园，庄园的前身是一座修道院，是英格兰国王亨利二世于1170年下令修建的，到了十三世纪，修道院被废弃。1540年，第一代拜伦爵士因为在内战期间有出色表现，国王将这座修道院赐予他。如今这里已是一座庄园，庄园的前庭中矗立着由灰白色石头堆起的哥特式城堡，雄伟辉煌；城堡下的花园中散布着的池塘、花木、凉亭，在庄严建筑的衬托下，显得格外清新淡雅；后庭是一望无际的草原，可以纵马奔驰，单是想一想就已令人心旷神怡。诗人拜伦就曾居住在这里。

拜伦在纽斯泰德庄园住的时间不久，但是这里却影响了他一生。拜伦十岁时继承了伯祖父的爵位搬来纽斯泰德，巨大的庄园对自幼饱受困苦折磨的拜伦来说是生活的曙光。纽斯泰德所处的诺丁汉市，是当时英国最大的工业中心之一，也是最早响应革命号召的地区之一。轰轰烈烈开展的工人运动感染了拜伦，他无畏当局政府的镇压，竭力为工人辩护。在之后的岁月里，哪怕流落国外，被迫离开故土，他依然致力于民主事业，从未放弃，为民众的解放事业奉献了一切,乃至自己的生命。

乔治·戈登·拜伦,被誉为英国19世纪初期伟大的浪漫主义诗人,其代表作品有《恰尔德·哈洛尔德游记》《异教徒》《唐璜》《该隐》等。拜伦不仅是一位伟大的诗人,还是一位伟大的革命家。他一生反抗专制暴政,歌颂爱与自由,为民主解放事业奋斗终身。他的作品带有鲜明的个人风格,终其一生,他都在为反抗社会黑暗丑陋的一面而呐喊,为自由与和平高歌。

拜伦虽是贵族,但自幼丧父,在他出生前家族早已没落,母亲的性情又因为丈夫的离世及困苦的生活等多重折磨变得乖僻、暴躁,拜伦在这样的环境中一天天长大。备受压抑的贫困生活、天生的残疾、畸形的母爱与不幸的家庭环境,都使得敏感又早熟的拜伦在心灵深处遭受着极大的痛苦。十岁时,拜伦继承了伯祖父的爵位。他本以为终于迎来了希望的曙光,没想到却是另一种不幸的开始。继承勋爵的身份之后,原本鄙夷他的人们不敢再讥讽他,转而开始对他毕恭毕敬、小心翼翼。但与平民不同的是,他的贵族亲戚们依然对他视而不见。他被贵族圈无视,又再也融入不到平民的圈子里,身份的改变让他饱尝人间冷暖,看尽人

拜伦故居(英国诺丁汉纽斯泰德庄园)

性中虚伪狡诈的一面。他鄙视、憎恨这一切。所幸苦难并没有打倒勇敢的诗人，浮华也没能迷乱坚定的诗人，这些反而化作一种力量，激励着诗人前行。因为年少的经历，他比常人更加孤独和叛逆，同时也更加坚韧、慈悲。他从不曾因为过往的经历而变得冷漠暴戾，相反，因为看到了民众受到的压迫和他们困苦的生活，拜伦更加同情他们，成年后，他勇敢地投身革命，为自由之信仰，为民众之解放奉献了自己的一生。

跛脚的少年

1788年1月22日，拜伦出生于英国伦敦一间简陋的出租屋内，开始了他饱受折磨却又波澜壮阔的一生。

拜伦的父亲约翰·拜伦年轻时是一位英俊潇洒的英国陆军近卫士官。他一表人才，但性情暴烈，嗜酒成性，赌博成癖，人称"疯子约翰"。20岁时，他从国外回到伦敦，年轻英俊的外貌加上军官身份引来无数人的爱慕，其中便有宫廷大臣卡尔马瑟侯爵的夫人。卡尔马瑟侯爵夫人置丈夫和三个孩子于不顾，毅然离异后同约翰结婚。二人结婚后住在侯爵夫人祖传的府邸里，约翰肆意享受着新婚妻子从她父亲那里继承的巨额财产。然而再多的财富也经不住无度的挥霍，更何况约翰婚后依然嗜赌成性，欠下了高额赌债。财产挥霍一空后，约翰与妻子只好离开英国，逃到法国去。后来两人的女儿奥古丝塔诞生。生下女儿不久，卡尔马瑟侯爵夫人在法国病逝。奥古丝塔是拜伦同父异母的姐姐，更是他一生中关系最密切的好友，她直接影响了拜伦以后的生活和创作。

妻子逝世后，约翰这位失去收入的浪荡子又悄然回到英国，遇到了一位名叫凯瑟琳·戈登的少女。凯瑟琳·戈登出身于苏格兰贵族家庭，双亲亡故，她继承了23000镑的财产。在凯瑟琳·戈登的财产中有3000镑是现金，这对欠下巨额赌债的约翰来说有巨大的诱惑力，因此，虽然凯瑟琳·戈登相貌不佳，约翰依然选择与其结合。1784年5月，距离卡尔马瑟侯爵夫人病逝还不足半年，约翰与凯瑟琳在巴思结婚，这位夫人就是拜伦的母亲。夫妻二人一同回到了北苏格兰戈登的家里，但幸福的生活并没有持续几天。再婚后的"疯子约翰"恶习不改，依旧滥赌、嗜酒、游手好闲且挥霍无度，很快又把妻子家的财产挥霍荡尽了。两人只得变卖了家产前往法国定居。然而游手好闲的约翰依然承担不起养家的重任，二人的生活日益贫苦。

1787年夏，已有身孕的拜伦夫人凯瑟琳因怀念自己的故乡，加上不堪忍受滥赌成性、游手好闲的丈夫的折磨，孤身一人回到了伦敦。凯瑟琳在伦敦一条街上租了一套简陋的房子，简单安顿下来。此时，约翰为了避债仍在法国漂泊，且依旧恶习不改，不仅没有赚钱养妻儿的意识，在没钱的时候还经常写信，伸手向生活拮据的妻子要钱。在这样的境遇下，拜伦出生了，母亲给他起名为乔治·戈登·拜伦。拜伦3岁的时候，他的父亲约翰终于在穷困潦倒的境况下去世。

拜伦的母亲在寡居的生活里变得愈加喜怒无常、凶悍暴戾。保姆更是一个势利小人，对可怜的小拜伦不仅没有丝毫的同情关爱之心，还趁女主人不在，趁着酒劲儿对小拜伦殴打、喝骂。小拜伦在这样不堪的环境中一天天长大，饱受折磨，这一切给他幼小的心灵留下了难以磨灭的伤痕。

然而对拜伦来说，这只是不幸的开始。随着拜伦一天天长大，当他开始学习走路时，母亲凯瑟琳发现他的脚竟是跛的。他的脚踝骨扭曲，不能正常走路，一瘸一拐的样子看起来十分怪异。这让凯瑟琳歇斯底里，更将对丈夫的不满一同发泄在儿子的身上，仿佛跛脚是小拜伦的错。喜怒无常的母亲凯瑟琳在精神正常的时候为了治好他的跛脚呕心沥血，四处寻求治愈的方法；发脾气时又对小拜伦非打即骂，甚至还曾让女仆用绷带将他的脚绑起来睡觉。小拜伦受尽折磨，但跛脚的问题始终没有得到改善，以后终生都要承受残疾的痛苦，抑郁的种子就此在他的心里埋下。

因为自己的残疾，小拜伦深感羞耻，不敢出现在别人的面前，在看到别的伙伴在一起嬉闹玩耍的时候，自己只能躲在角落里默默哭泣。一

庄园里的花园

次，母亲骂他是瘸腿的恶鬼，甚至拿起盘子向他砸去。拜伦实在不堪忍受，拾起桌上的刀子猛然刺向自己的胸口，多亏仆人的及时阻止才避免了更严重的后果。在此之后，小拜伦进行了激烈的思想斗争，终于，他决定不再懦弱，而是勇敢地维护自己的尊严。一次仆人带着他走在街上时，有一位妇人经过他们旁边，这位妇人嘲笑拜伦："呀！多么漂亮的孩子！可惜是个瘸子！"这一次拜伦没有再退却，也不再伤害自己，而是勇敢地向着施暴者举起了鞭子。拜伦将手中的鞭子奋力地抽向她，生气地喊道："不许你这样说！"尽管这种勇敢背后掩藏着自卑，但至少在这一刻，他迈出了勇敢的第一步。

落魄的勋爵

1798年，拜伦的伯祖父和其嗣子相继离世。按照当时的世袭制度，这位伯祖父的爵位落到了年仅10岁的拜伦身上，拜伦从贫苦的少年一下子变成了勋爵。第二天他来到学校时，校长点到他的名字时不再称呼他"拜伦"，而是尊称他为"拜伦勋爵"，本该答"到"的少年在听到这声"拜伦勋爵"时,一时竟说不出话,激动得哭出了声。继承爵位对拜伦生活的改变是巨大的。除了勋爵的头衔,拜伦还可以继承这个家族的财产(其中包括纽斯泰德庄园)。这时,饱经困苦折磨的小拜伦好像终于看到了希望之光。

同年秋天,拜伦的母亲带着拜伦和保姆动身前往诺丁汉,接管拜伦刚继承的财产——纽斯泰德庄园。穿过诺丁汉郁郁葱葱的森林走进纽斯泰德庄园时,少年拜伦欣喜不已。灰白色的城堡、美丽的后花园、广阔的草原都激起了他的幻想。后庭甚至还有射击场!听闻伯祖父从前经常带着手枪在那里散步,兴奋的少年拿起自己的玩具手枪,也学着想象中伯祖父的样子散起了步。他是那么地喜欢这个庄园,像对爱人那样恋慕着这里,以至于后来他在写给母亲的信中强调,"我无论遭遇些什么,绝不会出售纽斯泰德庄园"。

来到纽斯泰德,少年拜伦的心中充满了对新生活的憧憬,然而生活并没有像他所期望的那样重新开始。刚到纽斯泰德不久,母亲便将他托付给保姆,自己去了伦敦领取年金。保姆在母亲离开后彻底露出了本性,仿佛换了一个人,她彻底失去了顾忌,嗜酒,生活放荡,脾气暴戾,更肆意地苛责、虐待小拜伦,甚至还将马夫带回家里鬼混。与此同时,因为身份的提高,他看到周遭的人仿佛在一夕之间全然换了另一副面孔,他们不再高高在上地鄙视他那喜怒无常、丧失了优雅教养的母亲,不再讥笑他的跛足,而是毕恭毕敬、小心翼翼地讨好着这位新的拜伦勋爵。由此,他看透了人性中虚伪奸诈的一面,从而学会了讽刺,学会了反抗,更学会了

故居窗外

在后来的沉浮里始终坚守本心，锻炼出了不屈不挠的意志。

　　拜伦13岁的时候，进入哈罗中学就读。哈罗中学是一所极其出名的学校，由约翰·里恩于1571年创建，培养了诸多知名人物。拜伦入学的时候，是由当时担任哈罗中学校长的约瑟夫·德鲁里亲自接待的。德鲁里校长与这位外表俊美但腿有残疾的贵族少年交谈了许久。拜伦不凡的谈吐征服了德鲁里校长，他看到了拜伦眼中的光彩，看到了拜伦未来的无限可能。之后在哈罗中学的日子，德鲁里校长严格公正的风格也赢得了拜伦的敬佩。二人常常在一起交谈，成了很好的朋友。德鲁里校长曾对别人谈起拜伦："他(拜伦)才华横溢,将来会为他的家族增色的。"

　　开始在哈罗中学的生活后，因为腿疾，拜伦也曾受过其他同学的嘲笑与排挤，但每当有人嘲笑他的残疾、欺侮他时，拜伦都会愤而还击，毫不示弱，很快他的勇敢好胜在学校里出了名。同样出名的还有拜伦的好学。除了学习书本上的知识，拜伦广泛地阅读大量书籍，尤其对莎士比亚等著名诗人的诗歌作品爱不释手，这为拜伦日后的诗歌创作奠定了基础，也为他赢得了进入剑桥大学继续深造的机会。

浪漫的诗人

　　生活在暴戾的母亲和势利的保姆的阴影中，早熟的拜伦无比地向往柔情。从14岁起，他便开始了自己丰富而曲折的爱情罗曼史，也因此留下了许多著名的诗篇。

　　拜伦的表姐玛格丽特·帕克温婉善良，她让在母亲与保姆苛责下长大的拜伦感受到第一抹柔情。拜伦尊重她，爱慕她，他的第一首诗歌便是写给玛格丽特的。但不幸的是，年少时的爱情总是很难圆满收场，一次意外夺走了玛格丽特·帕克的生命。拜伦痛苦不已，在玛格丽特逝世后写下了诗歌《悼玛格丽特表姐》。虽然相较于拜伦后来的其他诗作，这首诗歌技巧性不强，但感情激烈，充满作者对命运不公的呐喊与对表姐的深切怀念。

拜伦15岁的时候，回到了纽斯泰德庄园，这是1803年的暑假。拜伦遇见了一个叫玛丽·安·查沃思的美丽少女。女孩看起来十分温柔美丽，"她走在美的光影里，好像无云的夜空，繁星闪烁；明与暗的最美的形象，交会于她的容颜和眼波，融成一片恬淡的清光——浓艳的白天得不到的恩泽"①。拜伦对少女一见钟情，然而这种爱只是单方面的，玛丽·安并不爱拜伦。两年后，玛丽和一个贵族公子结了婚，拜伦对爱情的憧憬再一次破灭。

1806年，拜伦遇见了一个名为伊丽莎白·皮戈特的女孩，这一年，他18岁。伊丽莎白·皮戈特是一个娴雅文静的姑娘，初会时拜伦便与她志趣相投，而后频繁的接触更催发出两人对彼此的欣赏与理解。伊丽莎白·皮戈特发现了拜伦在诗歌方面的才华，并鼓励他认真作诗，她是他的良友又是他的批评家。拜伦与伊丽莎白之间的感情虽不是爱情，但是伊丽莎白对拜伦的影响无疑是巨大的，她是他罗曼史中极其重要的一个人物，比起爱人，伊丽莎白更像是伯乐——拜伦创作生涯中的第一个伯乐。在伊丽莎白的鼓励下，拜伦真正开始了诗人的生涯，在认识伊丽莎白的第二年，他出版了第一部诗集——《闲散的时光》。

拜伦给自己的第一部诗集写了一篇序言，其中说道："这些诗是一位刚满十九岁的青年在闲暇中创作的，是一个幼稚的头脑所进行的内省。"序言中诗人谦虚地表达了自己的不足，但也隐约带着一点骄矜的自满。拜伦带着这样复杂的感情，关切又不安地等待着出版后的结果。第一本诗集卖出去时，拜伦十分激动；在知道诗集印刷两个星期之内就卖出五十多本后，拜伦更是兴奋不已。之后，他休息了一年，又返回剑桥大学继续就读。这时，拜伦的生活已全然不同。1805年10月，在他从哈罗中学毕业进入剑桥大学时，他已经有了每年500磅的津贴，也从过去的阴影中逐渐走出来，学习游泳、拳击、剑术等，丰富着自己的生

---

① 王钦峰.拜伦雪莱诗歌精选评析[M].开封：河南大学出版社，2006：48.

活。他的身边聚集了一批志趣相投的好朋友，诗集的出版也为他赢得了同学的尊敬，此时的拜伦正值青春好光景。

但是随后，一篇发表在《爱丁堡评论》上的匿名批评文章打破了这种平静。《爱丁堡评论》是当时英国文坛的一本权威杂志，影响十分广泛，上面发布的批评文章将拜伦的诗集贬得一文不值。这篇文章的内容对拜伦十分不利，而作者不加掩饰的恶评更是让拜伦气愤不已。批评者直言："这位年轻爵士的诗才，是艺术之神和凡人都无法给以承认的。我的见闻少，从来不知道有这么缺乏神性和人性的坏诗。……可是作者对这本坏诗的辩解，便是说自己尚未成年。……然而不幸，我们却记得考莱十岁的诗和蒲柏十二岁的诗。尽管这些苦恼的诗是一个青年学生在学校里写的，但是我们相信，这样的诗，在英国受过教育的青年中，十个人有九个都写得出来，而那第十个则会比拜伦爵士写得更好。"① 这些轻蔑的言语让拜伦激怒不已，他几乎想马上去和批评者决斗。他本想拿起笔反击，但是很快就平复了心情。他不想与那个匿名的批评者恶语相争，反击的最好方法就是认真创作出更多、更好的诗，证明自己。现在看来，《闲散的时光》这本诗集确实有不足之处，不够完美。诗中有对古罗马诗歌及文学教科书的不成熟的模仿，也有那种"为赋新词强说愁"的少年感伤，但诗集有些方面却是十分值得肯定的。这

故居一隅

---

① 鹤见祐辅.明月中天：拜伦传[M].陈秋帆，译.长沙：湖南文艺出版社，1981：43.

本诗集歌颂了爱情和自由,揭露了上流社会的虚伪本质,又呈现出诗人对朴实生活的向往,将浪漫主义与现实主义巧妙融合,这些都为拜伦后来诗歌的风格作了铺垫。

讲到拜伦的感情史,有一个人不得不提,那就是拜伦同父异母的姐姐——奥古丝塔。奥古丝塔不像伊丽莎白那样聪慧,她没有多少才华,但她温暖善良的品质、乐观豁达的态度始终影响着拜伦。拜伦在她身边能得到最大程度的放松,展现自己最真实的一面。奥古丝塔对弟弟的爱像大海一般深沉,不管拜伦声名显赫,还是孤立无援,奥古丝塔始终是他最坚定的支持者。在奥古丝塔身上,拜伦感受到了无关风月的亲情,让人温暖坚定。他对这种感情倍加珍视和尊重。他用了许多笔墨来表达他们之间的情谊。1816年,拜伦被自己的祖国抛弃,他写下一首诗,赠给一直支持他的奥古丝塔,这是他在离开故土前所写的最后一首诗,诗中写道:"当厄运临头,爱情远走,憎恨的利箭万弩齐发——你是我独一无二的星光,高悬在夜空,永不坠下……"他们是姐弟,是最亲密的朋友,又像一对甜蜜的爱侣。直到拜伦离世,他对奥古丝塔的情谊也从未改变。

1813年,安娜贝拉·密尔班克进入拜伦的生活,她是拉尔夫·密尔班克男爵的女儿,出身高贵,才华斐然。拜伦再一次陷入爱河。1814年,拜伦向安娜贝拉求婚。1815年1月,两人成婚。这一年拜伦27岁,他的诗集在伦敦接连出版,受到无数的赞誉,但同时,统治阶级也看出了拜伦的反叛意识,看到他始终在抨击政府的专制统治,决意打压

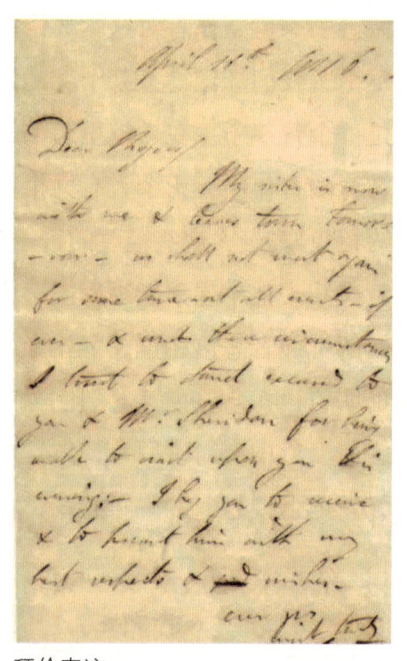

拜伦真迹

他。安娜贝拉·密尔班克出身贵族,她是资产阶级坚定的拥护者,理解不了为何同为贵族的丈夫始终致力于抨击专制统治,甚至讽刺当局统治者。但拜伦从未放弃自己的理想,他看到了底层民众的苦难,始终为人民解放而努力。观点完全相悖的两人产生了巨大的分歧,婚后的生活争吵不断。1816年,安娜贝拉带着刚出世一个多月的女儿回到了自己家中,与拜伦分居。英国的统治阶级早已不满拜伦的所作所为,但又因为拜伦在民间巨大的影响力而对其无可奈何。安娜贝拉的离开给统治阶级提供了契机,当局对拜伦进行了残忍的报复,想要一举毁灭这个大胆的叛逆者。这次的报复无疑是成功的,人们得知拜伦抛弃了妻儿,不再把拜伦看作英雄,而是一个背德的丈夫、失责的父亲。各家媒体群起而攻之,使得拜伦失去了民众的支持,难觅立足之地。这期间,拜伦受尽折磨,但重压没有磨灭诗人的傲骨,反而唤醒了他不屈的灵魂。他写出了像《普罗米修斯》那样的诗,表示出与压迫者反抗到底的决心。也是在这期间,在各种攻击和迫害下,拜伦决定离开英国,走上漂泊他乡的征程。

在旅居国外的日子里,他的身心渐渐恢复平衡,重新找回了自己。1819年,拜伦遇见了另一个对他产生巨大影响的女性——特瑞萨·归齐奥利。最开始,特瑞萨的美貌和活泼打动了拜伦的心,他在写给朋友道格拉斯·金奈德的信中说:"她像煦日一样艳丽,像中午一样温暖。"[①]随着时间的流逝,拜伦真正爱上了这个意大利女子,她纯真、无私、优雅、勇敢、浪漫又诗趣横溢,像一股春风,柔和地入住拜伦的心田。在与特瑞萨同居的美好日子里,拜伦心底的感情完全地苏醒过来,他诗兴勃发,文思泉涌,写出了众多优秀的剧作和诗篇。特瑞萨给予拜伦的影响远不止于此。与安娜贝拉不同,特瑞萨反对专制暴政,她看到了资本主义的弊端,看到了民众受到的苦难,她是一名为自由、解放奋斗的革命者。爱国者特瑞萨不仅唤醒了拜伦的同情心,给予了他丰富的创作灵

[①] 鹤见祐辅.明月中天:拜伦传[M].陈秋帆,译.长沙:湖南文艺出版社,1981:188.

感,更将他真正引到了革命的道路上。因为特瑞萨,拜伦从此走上为正义和自由而战的道路,并为革命事业奉献了自己的一生。

孤胆的英雄

在拜伦成长的年代里,世界发生了巨大的改变。在这个年代,法国大革命正式拉开帷幕,各国人民紧随法国的脚步,投身于自由解放的斗争,由阶级矛盾激化出现的各种工人暴动、农民起义和士兵哗变等事件层出不穷。身处这样的时代,拜伦从不曾置身事外,他将他的一生毫无保留地献给了革命事业。

那时纽斯泰德所处的诺丁汉地区,是英国最大的工业中心之一。在大时代潮流的推动下,诺丁汉是最早响应革命呼声的地区之一,工人运动在这片土地上轰轰烈烈地展开。1812年,纽斯泰德附近的诺丁汉袜厂发生联合罢工。政府出动士兵残酷镇压罢工的工人,甚至提出了把罢工和捣毁机器的工人判处死刑的法案。同年2月27日,拜伦不满当局政府的残暴,他以议员的身份登上英国上议院的讲坛发表演说。拜伦竭力为破坏机器的诺丁汉工人辩护,他用近乎夸张的激烈言辞来抨击英国当局的镇压政策。拜伦的抗议没能阻止法案的通过,却获得了荷兰德勋爵、格伦维尔勋爵等辉格党议员的赏识,他的名字在伦敦社交圈中迅速地流传开来。

1812年2月29日,在议会演说结束后的第三天,拜伦的诗集《恰尔德·哈洛尔德游记》前两章出版。诗集上市后马上被一抢而空,立即成了伦敦人议论的焦点。拜伦说:"我一朝醒来,发现自己已经成名。"那时候,在伦敦的社交圈,如果不知道拜伦,不知道《恰尔德·哈洛尔德游记》,绝对会被当作时代的落伍者。他用这本书俘获了几乎整个英国。

《恰尔德·哈洛尔德游记》的巨大成功让拜伦诗性勃发。1813年5月,拜伦发表长篇叙事诗《异教徒》,同年12月发表长诗《阿比多斯的新娘》。次年,长诗《海盗》《莱拉》发行出版。1816年,《围攻柯林斯》

故居前景

《巴里西纳》出版。这六部接连出版的诗集为当时的拜伦迎来显赫声名,也为后世留下了可供研究的瑰宝,后来这六首叙事长诗总称为《东方叙事诗》。诗中的主人公身上好像都带着拜伦的影子:他们桀骜不驯但又富有激情,敢于反抗却又阴郁孤独,他们一生追求爱情、崇尚自由。他们是矛盾的,是不完美的:"一方面,他们热爱生活,追求幸福,有火热的激情,强烈的爱情,非凡的性格;敢于蔑视现实制度,与社会恶势力誓不两立,立志复仇,因此,他们是罪恶社会的反抗者和复仇者。另一方面,他们又傲世独立,行踪诡秘,好走极端,他们的思想基础是个人主义和自由主义,在斗争中单枪匹马,远离群众,而且也没有明确的目标,因而最后以失败而告终。"① 但即使英雄孤胆,功败垂成,不屈的他们依然从灵魂深处发出最响亮的呐喊。他们百折不挠,从不言弃,给人们带来了真切的希望。可以说,"拜伦式英雄"给十九世纪的欧洲带来了新的希望。

---

① 宋文玲.论"拜伦式英雄"的浪漫情怀[J].科技信息,2010(2):167.

无可否认，那正是拜伦引领风骚的年代。接连问世的长诗让他赢得了民众的心，他被视为解放人类的战士，不管走到何处都受到拥护。他的诗篇流传的广泛程度是前所未有的，各个阶层、不同职业、不同年龄的人们都在阅读他的诗作。《异教徒》出版半年后就印到第七版，《海盗》出版的当天就卖出一万三千册，拜伦此时声名在外，如日中天。

然而，天才诗人在自己的故土并没有受到所有人的欢迎。一系列的诗集让统治者看到了拜伦对专制政府的抨击和对统治阶级的批判，在他的引领下，民间巨大的反抗激情让统治者们再也无法忽视，他们终于恼羞成怒，《海盗》中抨击摄政王变节的短诗更是激怒了摄政王，《异教徒》所叙述的男女私通的内容、《莱拉》中姐弟相恋的题材，都给他的敌人留下了攻击他的理由。1816年4月25日，被故土抛弃的拜伦乘船离开英国，自此，他开始了在异国他乡漂泊的生活，直到死去。在旅居国外期间，拜伦遇到了他生命中的挚爱——特瑞萨。特瑞萨为解放和自由奋斗的热忱打动了拜伦，再次唤醒诗人为自由高歌的灵魂。在特瑞萨的感染下，拜伦不再只是以笔为武器讨伐专制暴政，讴歌民主自由，而是拿起了刀剑，真正地投身于革命之中。1823年8月，拜伦抵达希腊的凯法利尼亚岛，为支持希腊革命，他将包括卖掉罗岱尔庄园所得收入在内的34000英镑全部拿了出来。1824年1月，拜伦抵达希腊半岛，正式开始他的军队生活，他与士兵同吃同住，并倾尽家产支持革命军。后来，在所有人的一致推举下，拜伦当选为全军总司令。

拜伦积极投身革命的同时也写下了诸多不朽的诗篇，革命斗争滋润着他诗的灵魂，他一生中最辉煌的诗歌——《唐璜》便是在这期间问世的。拜伦的作品一贯具有鲜明的风格，带有极强的"自我"性。正如《东方叙事诗》中所塑造的"拜伦式英雄"一样，《唐璜》中鲜明的拜伦式色彩便已显现，人们把它看作拜伦波澜壮阔的人生写照。即便《唐璜》作为故事来看缺乏足够的连贯性，但却无损于这首一万六千行的长诗的精彩。长诗揭露并抨击了当时的专政统治，毫无保留地讽刺各种社会弊病，崇尚民主，歌颂爱与自由，一经发表便掀起了轩然大波。各界对这部诗作的态度褒贬不一,保守党群起而攻之,进步党为之欢呼雀跃,文坛因为它的出现而持续焕发活力,文学史家和评论家们将它誉为继弥尔顿的《失乐园》之后的伟大诗作,作家瓦尔特·司各特评价《唐璜》"像莎士比亚一样地包罗万象,他囊括了人生的每个题目,拨动了神圣的琴上的每一根弦,弹出最细小以至最强烈最震动心灵的调子"①。《唐璜》的影响力是巨大的,可惜拜伦却没来得及完成这部巨作。

1824年4月9日,拜伦接到一封英国来信,信中告知他为希腊革命政府借250万镑外债的事情成功了,他将能建立一支两千人的军队,其中包括步兵和炮兵。这个消息使拜伦深受鼓舞,他与特瑞萨的弟弟甘巴相伴骑马出巡。然而途中遇到大雨,拜伦受寒,就此一病不起。4月18日,拜伦病情恶化,他叫来医生,说:"辛苦你们了!但是一切都没有用了。我自己知道,我一定会死了。死,我并不悲伤。我正是为了结束这无聊的生命才到希腊来的。我的财产、我的精力都奉献给了希腊的独立事业;现在,连生命也一并送上吧!……"②4月19日,拜伦逝世,年仅36岁,他的巨著《唐璜》都没来得及完成。

拜伦去世的消息,仿若平地一声雷,震动了整个欧洲。他的离世让希腊人民深感悲痛,西部希腊临时政府发布公告,宣布鸣炮三十七响,全体人民举哀二十一日,希腊人民用最庄严最隆重的仪式沉痛哀悼他们的英雄。

就在拜伦临终前几个小时,好友霍布豪斯从英国寄来了一封信,信中写道:"你的名声和人格,将超过现在活着的任何人而流传于后世……今天你的努力,是自古以来人们所做的事业中间最高贵的事业。"③然而,拜伦永远没有机会读到这封信了。倘若他知道全英国的人都在赞扬他,敬仰他,以能做他的同胞为荣,他一定会感到非常欣慰。1829年,希

---

① 王海莺.《唐璜》的英雄主义情怀与批判精神[J].飞天,2011(12):29-30.
② 鹤见祐辅.明月中天:拜伦传[M].陈秋帆,译.长沙:湖南文艺出版社,1981:243.
③ 梁桂平.拜伦的生命意识解读[J].毕节学院学报,2010(2):87.

腊终于摆脱了土耳其的统治，宣告独立。听闻这个消息，想必英雄终能安眠了。

英雄虽逝，余音永存。正如鹤见祐辅提到拜伦时讲的那样："拜伦挥动着他那热烈如火的诗笔，震撼了十九世纪初期的欧洲。他的声音像天的声音一样，穿透了地上万民的心胸。他的真实，以宇宙大真实的威力，降落在一般大众的头上……只要人类还没有失去对自由、爱国、民族独立和个性发扬的思慕与渴仰，诗人拜伦的气魄便会永久地阔步在大地之上。"①

（撰稿：徐成凤）

参考文献

布劳，迟春.雪莱和拜伦复杂的爱情生活[J].文化译丛，1989（2）.

高琳佳.拜伦——叛逆的"英雄"[J].吉林广播电视大学学报，2012（5）.

鹤见祐辅.明月中天：拜伦传[M].陈秋帆，译.长沙：湖南文艺出版社，1981.

梁桂平.拜伦的生命意识解读[J].毕节学院学报，2010（2）.

刘海刚.《唐璜》中拜伦形象浅析[J].丝绸之路，2009（24）.

刘静.浪漫英雄的悲歌——论拜伦式英雄的精神实质[J].怀化学院学报，2007（8）.

刘曲.拜伦对西方叙事诗传统的继承与创新——以《唐璜》为例[J].电影评介，2014（16）.

马勇.论《海盗》兼及拜伦自由反叛之英雄气质[D].济南：山东师

---

① 鹤见祐辅.明月中天：拜伦传[M].陈秋帆，译.长沙：湖南文艺出版社，1981：16.

范大学，2013.

莫洛亚.唐璜：拜伦传[M].裘小龙，译.上海：上海译文出版社，2014.

彭江浩.拜伦的女性观[J].湖北师范学院学报（哲学社会科学版），2006（6）.

宋文玲.论"拜伦式英雄"的浪漫情怀[J].科技信息，2010（2）.

汪剑鸣.论"拜伦式英雄"[J].外国文学专刊，1985（1）.

王海莺.《唐璜》的英雄主义情怀与批判精神[J].飞天，2011（12）.

王美萍.爱情的囚徒们——拜伦笔下的女性人物群像[J].解放军外国语学院学报，2005（5）.

王钦峰.拜伦雪莱诗歌精选评析[M].开封：河南大学出版社，2006.

杨莉.拜伦叙事诗研究[D].杭州：浙江大学，2010.

岳娇慧.浅析《唐璜》中拜伦的艺术与人生[J].山西高等学校社会科学学报，2010，22（6）.

张娟平.拜伦的形象：从欧洲到中国[D].北京：首都师范大学，2006.

张文.拜伦诗歌中的东方想象与自我建构[D].武汉：华中师范大学，2010.

张豫.拜伦诗歌《写作》中的自我表现[J].名作欣赏，2018（18）.

赵继红.浪漫英雄的悲歌——论拜伦式英雄的精神实质[J].大众文艺，2016（17）.

朱康香.生命的交响[D].长沙：湖南师范大学，2008.

图书在版编目（CIP）数据

大家之家. 艺术卷. 2 / 车吉心, 谭好哲主编. —— 济南：泰山出版社, 2020.1
 ISBN 978-7-5519-0559-6

Ⅰ.①大… Ⅱ.①车… ②谭… Ⅲ.①作家—列传—世界 Ⅳ.① K811

中国版本图书馆 CIP 数据核字（2019）第 166872 号

主　　编	车吉心　谭好哲
策　　划	胡　威　梁晓东
责任编辑	赵　雨　王艳艳
装帧设计	路渊源

DAJIA ZHI JIA：WENXUE JUAN 1
大家之家：文学卷 1

出　　版	泰山出版社
社　　址	济南市泺源大街2号　邮编　250014
电　　话	总编室（0531）82022566
	市场营销部（0531）82025510　82023966
网　　址	www.tscbs.com
电子信箱	tscbs@sohu.com
发　　行	新华书店
印　　刷	东港股份有限公司
规　　格	787 mm×1092 mm　16开
印　　张	12.5
字　　数	190 千字
版　　次	2020 年 1 月第 1 版
印　　次	2020 年 1 月第 1 次印刷
标准书号	ISBN 978-7-5519-0559-6
定　　价	46.00 元

著作权所有，违者必究
如有印装质量问题，请与泰山出版社市场营销部联系调换